# 持股本质

HOLDING THE ESSENCE

## 全员持股迎接共享红利时代

孟祥鹰◎著

中国纺织出版社有限公司

## 内 容 提 要

本书从全员持股的大风潮引入，介绍了全员持股的好处和意义、全员持股的策略和方法，以及不同行业的持股策略。全书共分为上、中、下三篇，内容涉及设定全员持股方案、全员持股计划的实施、全员持股实施的误区等，认真阅读并参照，必能获得认知的提升。对于已经进入资本经济时代的企业来说，管理者只有掌握全员持股的要义和方法，才能让自己的管理取得最佳成效，才能保证企业的长期稳定发展，因此，本书为企业管理者提供了积极的借鉴价值。

**图书在版编目（CIP）数据**

持股本质：全员持股迎接共享红利时代 / 孟祥鹰著. -- 北京：中国纺织出版社有限公司，2022.1

ISBN 978-7-5180-9010-5

Ⅰ.①持… Ⅱ.①孟… Ⅲ.①企业-股份制-研究-中国 Ⅳ.①F279.21

中国版本图书馆CIP数据核字（2021）第208313号

策划编辑：史 岩　　责任编辑：曹炳镝

责任校对：楼旭红　　责任印制：储志伟

中国纺织出版社有限公司出版发行

地址：北京市朝阳区百子湾东里 A407 号楼　邮政编码：100124

销售电话：010—67004422　传真：010—87155801

http://www.c-textilep.com

中国纺织出版社天猫旗舰店

官方微博 http://weibo.com/2119887771

三河市延风印装有限公司印刷　各地新华书店经销

2022 年 1 月第 1 版第 1 次印刷

开本：710×1000　1/16　印张：12

字数：137 千字　定价：48.00 元

# 前 言

## 全员持股年，人无股权不富

公司创业之初，最需要解决的就是激励机制；一个生态构建之初，最应该考虑的同样如此。那么，哪种方式对人们的激励效果最大呢？答案就是，全员持股！举个例子，小米在初创时期，采用的就是全员持股制，赠与公司骨干和优秀员工股权，让他们和企业一起分享收益。小米的例子鲜活而适用，值得我们借鉴：只有让全员持股，才能将个人与企业利益紧紧捆绑在一起，建立一种微妙的关系，激发全员的工作热情，做出更多的成绩，使企业走向正循环。

如果员工不是股东，只是一个普通的打工者，工作中遇到问题，多半都会主动放弃；与同事发生了摩擦，自己感到委屈，可能就会离职。企业的运营之路不会顺风顺水、一马平川，对于股东来说，即使公司运作再艰苦、再有挑战，也会坚信事情一定能够做成，自然也就不会放弃，更不会退缩，只会疯狂地一路前行。

未来，我国必将进入全员持股的时代。当然，这里的持股不是指炒股，而是指股权投资。人们只要购买、持有某个平台或公司的股份，就能成为该平台或公司的股东，和平台或公司共创共富，一起获益享受。

全员持股从形式上具体分为三类：

第一，自身没有工作能力的人，如老年人、残疾人等，只要手里有钱，就能购买上市公司的股票，变成持股者。未来监管部门对上市公司的管理会更加完善，会通过大数据和人工智能来实现证券、上市公司资产监管，确保投资人的权益。买股票不会再像现在这样存在诸多风险，更不会被大户炒作吃掉。

第二，工作能力强、自己所在公司容易上市的人，可以持有自己公司的股票，将公司当作自己的家，一心为公，提高公司的向心力、积极性和凝聚力，并按公司效益分红。

第三，有创新能力的人，在这个大众创业、万众创新的时代，只要能创下一番事业，就能持有自己公司的股份。

这些都是对“全员持股”概念的理解。

持有股份，为了得到更大的收益，他们就会更努力地工作，想方设法维护共同的盈利体系，企业就能顺利发展，整个社会的经济自然而然就能走向良性循环。这就是全员持股的意义与目的。

科创时代下的中国已经全面进入资本经济时代。企业老板或高管只有掌握全员持股的要义和方法，才能让自己的管理取得最佳成效，促进公司运营，推动业绩更上一个大台阶。为了给企业管理者提供借鉴，我们特意编写了本书。

本书从全员持股的大风潮引入，介绍了全员持股的好处和意义、全员持股的策略和方法，以及不同行业的持股策略。内容涉及设定全员持股方案、全员持股计划的实施、全员持股实施的误区等，阅读本书，必能获得认知上的提升。

股权大时代已经悄然来临，未来十年必然是“人无股权不大富”！

孟祥鹰

2021年7月

# 目　录

## 上篇　造富风暴来袭，全员持股撬动世界经济

# 上篇

# 造富风暴来袭，全员持股撬动世界经济

# 第一章

# 未来 10 年是股权投资的黄金时代

## /// 全员持股的时代真的来了 ///

股权时代已经悄然来临。

如今，全员持股已经成为一个热门话题，朋友见面之后，聊到的最多的话题就是：你持股了吗？

似乎，只有持有股份，才能说明你行。不管你的职位如何，不管你的工作多么重要，只要不持有公司股份，人们对你的态度就会大为改变！

人们对股权的重视已经到了如此地步。为了长期发展，企业完全可以从股权入手，将股份赠与优秀人才，激发他们的干劲儿。而拥有股份的员工，意识到只要自己努力就能享受公司利益，定然会更加努力，公司自然也就快速运作起来。可喜的是，如今已经有很多企业实施了全员持股计划，举几个例子：

### 案例1：阿里巴巴

2014年9月21日，阿里巴巴成功上市，马云成为华人首富，同时还创造了几十个亿万富翁、上千个千万富翁、上万个百万富翁。在这场财富盛宴中，最欢呼雀跃的当数阿里巴巴的持股员工。

在正式上市之前，阿里巴巴的注册资本为1000万元人民币；在纽约证券交易所上市后，每股的发行价是68美元，第一天就大幅上涨了38.07%，收入93.89美元，市值高达2586.90亿美元，收益率超过百倍。也就是说，上市前投资1元原始股，最终变成了161422元。

### 案例2：腾讯

2004年6月16日，腾讯成功上市，创造了5个亿万富翁、7个千万富翁和几百个百万富翁。

腾讯在正式上市前，公司注册资本为6500万元人民币；在香港挂牌上市后，股票的票面价值为3.7港元；第二年，腾讯控股加大了运营力度，在当年年底股价便接近了8.30港元，年涨幅为78.49%；2009年，腾讯控股的年涨幅为237%，达到100港元。2014年3月，该股股价超过600港元，总市值达到1500多亿美元。也就是说，上市前投资1元原始股，如今变成了14400元。

想象一下，如果你是阿里巴巴或腾讯的员工，被公司赠与股份，在上市的钟声敲响那一刻，你会不会热血沸腾？而这也是全员持股的最终的目的——激发员工的工作热情，让员工热爱企业、热爱团队、团结一致、共创佳绩。

近年来，股权投资市场发展迅猛，更上一层楼，市场规模更是一天大过一天。市场经济已经师老兵疲，资本经济正在崛起，其最吸引人的地方就在于以“股权”为杠杆，促进了整个经济的运行。

在2018年《政府工作报告》中，有两处直接提到了股权融资：

在“过去五年工作回顾”中，是这样陈述的：“积极稳妥去杠杆，控制债务规模，增加股权融资……”

在“2018年经济社会发展总体要求和政策取向”中，有这样的语句："管好货币供给总闸门，保持广义货币M2、信贷和社会融资规模合理增长，维护流动性合理稳定，提高直接融资特别是股权融资比重……"

在经济调整发展的中国，股权投资，依然是最容易盈利的商业模式之一。

"营利性"是商业企业最基本的属性，只有盈利的企业，才能给股东以回报；只有盈利的企业，才能给员工以保障；只有盈利的企业，才能为社会做贡献。所以，"盈利"是企业的基础。

无论是福布斯财富排行榜，还是胡润富豪排行榜，对于富人的判断标准并不是看他拥有多少家当，拥有多少现款，拥有多少房产，而是看他拥有多少股权。

如今，不管你能否看到时机、能否参与其中，面对开放的中国大市场，中国企业迎来了众多上市机遇，股权投资时代已经悄然来临。

所谓股权投资，就是用自己的资金去投资，之后在企业的发展中获取回报。个人进行股权投资时，投资的企业或项目多数都是有潜力的、正处于发展阶段的。国内的资本市场正在发生改变，股权投资的出现，让人们进入了全员持股时代。

## /// 华为的"人人持股"告诉我们什么 ///

华为成立于1987年，公司刚注册的时候，任正非就遇到了没有足够的注册资金的问题。当时，注册资本最低是20000元，而任正非只有3000多元。为了凑齐注册资本金，任正非开始想办法“借”。如今，当初的这些借出钱的人都已经赚得盆满钵满。

到了1990年，任正非发现公司依然缺钱，而且人员流动也比较大，为了既让公司拿到钱又避免员工随便离职，任正非推出了员工持股计划的雏形。当时，任正非是这样计划的：员工只要满足相应的条件，就能按照1元/股的价格买入公司虚拟股，只要不离职，每年都能拿到分红。

这个方案的实施确实帮助华为解决了当时的资金短缺难题，也让员工在华为能工作更长的时间。

可是，由于种种原因，员工离职不可避免。员工离职后，公司该怎么退股？华为当时的策略是1元价格买入，1元价格退出。离职员工认为自己很吃亏，因为自己只享有分红权，没有享受增值权，甚至有员工还把华为告上了法庭。华为以此为契机，在2001年进行了员工持股改革。

2001年员工持股改革之后，员工的虚拟持股多了一个股份增值权，员工离职时可以按照当时的股权价格享受股权增值收益。此外，华为还针对每个岗位制定了可以申购的股份数和锁定期。比如，基层员工每年最高认购10万股，中层管理者认购30万股，高层管理者认购100万股。

当时，还存在一个漏洞，即高层管理者太有钱，不想努力奋斗，每年仅分红就获得几百万元。于是，2008年华为又进行了一次改革，推出了“封顶”的概念。也就是说，一个人不能无限度地买入华为股份；如果员工离职，公司会对其股份分批回收，每次不超过1/4。

不难发现，华为的员工持股计划中有两个重点，分别是每年分红和股份增值。企业推出员工持股后，员工既没有分红又没有任何增值，这点股份对于员工来说就像“一张大饼”，员工一旦找到好机会，就会离开。因此，企业要想贯彻实施员工持股计划，就要让股份的价值量化，让每个员工都有干劲，减少员工流失。

任正非是国内员工持股计划实施最成功的企业家，在实施过程中，虽然他也吃了很多亏，发现了很多弊端，交了很多学费，不过任正非有一个优点，即只要发现公司制度存在重大问题，就会及时纠正，让企业符合趋势和人性，帮助企业快速成长。

员工持股不可逆转，如果公司的估值越来越大，个人的夙愿和预期也会被无尽放大，如此就会加大股权调整的难度，增加调整的成本，从这个意义上来说，股权架构设计越早越好。

各公司制定的议事规则和表决方式一般都不同，公司要想真正将控制权掌握在手里，就要合理设定公司章程，制定规范的规章制度，掌握话语权。

在这个世界上，最完美的答案根本就不存在，只有更适合的解决方案。

不管是阿里巴巴、腾讯，还是华为，它们都是国内民营企业的顶级代表。可是，任正非的个人财富和马云、马化腾等相比，还是相差很远，为什么？最主要的原因就是华为没有上市。如果任正非想当千亿富翁，简直轻而易举；想当中国首富，也不是不可能。可是，为什么任正非没有这样做，而是老老实实地当了一个低调的百亿富翁呢？这就要从华为的员工持股计划说起了。

任正非认为，员工是公司的核心资产，为了让员工享受到公司成长带来的盈余，争取让每个员工都持股，腊尾一起分成。华为设置的股权结构别具一格，任正非只拥有1.01%的股份，剩下98.99%的股份通过工会由员工持有。

按照正常逻辑，一般的公司都是有限责任公司，而有限责任公司多半会在准备上市前改制为股份有限公司。可是，从企业初创期，华为就没有像其他企业一样向社会公开募集股金，而是在不断积累，进行内部募资，因此一直发展到今天，始终是有限责任公司，并没有改制。

华为的股权运作规则和其他大公司完全不同，虽然多数员工都有数万股的持股量，但是在华为任何一个员工都无法动摇任正非在公司的地位，任正非对华为有绝对的控制权。

作为华为的领头人，任正非股权占比非常少，那么，他是如何利用股权对华为的营运进行控制的呢？

1.员工持有干股，不是实股

华为的顶层只有两个股东：一个是任正非，持股1.01%；另一个是工会，持股98.99%。工会主要是为员工服务的，而员工主要通过虚拟受限股，持有华为股权。

虚拟受限股是一种虚拟股权，有一定的权利限制，其特点：第一，没在工商登记过；第二，没有投票权；第三，只有权进行阶段性的分红。员工持有股份，只能和企业共享利益，但没有投票权。因此，虽然任正非拥有的股权较少，却对华为有着超强的实际控制力。

2.建立了利益分享机制

员工之所以为华为奉献，想华为之所想，主要就在于他们能够参与股份分红。比如，在目前的华为有很多持有华为股份的员工，这些员工每年都能得到数百万元的分红。任正非之所以能够控制整个华为，能成为华为的主心骨，能够让所有员工心甘情愿地跟随他，最主要的原因就是他通晓分享、舍得分享。每年，他都会拿出部分企业利益分享给员工，让员工对华为产生家的感觉，提高归属感，并不觉得自己仅仅是一个普通员工。如此，就为华为凝聚了巨大的理想，大家劲儿往一处使，自然就能产生最大的效能，华为也能稳步向前。

3.任正非拥有一票否决权

华为虽然将企业与员工的权益捆绑在了一起，但实行的策略却是“同股不同权”。任正非拥有一票否决权，不管高级管理者做出了什么决定，不管员工讨论得多么激励，只要任正非不同意，这些决定就丝毫不起作用。因此，任正非虽然只有1.01%的股权，但却控制着100%的投票权，掌握着华为的实际控制权。

## /// 把财富分享出去，公司才能走得更远 ///

老子曾有言：“孔德之容，唯道是从。”天底下，最大的德行就是以道为归，任何事物包括企业运营、生命本身，只要不合道，必然无法长久地生存下去。

西方国家对企业道德的探究，有一个重要观点，叫超越价值。

过去，很多企业都认为“追求价值最大化、利润最大化”是企业发展的金科玉律，但当企业的规模实力发展到一定阶段后，价值是不可能始终直线性增长的。

在战略指导上，企业对企业或产业波动状态的认识要更加清醒。这也是企业命理本身的规律，也就是人们常说的“前途是光明的，但道路是曲折的”。

原因何在？

企业是社会需求这个土壤的产物，企业之树要想蓬勃生长，就要从社会土壤中（包括市场与政经环境）获取资源与能量。单从能量守恒定律来说，企业之树本身的价值量是不可能超过从土壤中摄取或交换的价值总量的。

企业发展犹如一棵大树，要想茁壮成长，要想百年屹立不倒，就要将自己的根系深深地扎入更深的社会土壤中，同时还要不断地为自身发展依赖的土壤提供营养。

自然界的规律与人类社会的发展规律有相通之处。比如，自然界的花草树木都是春天发芽、秋天飘落，当叶落大地之后，再用自己的余热回报养育自己的土壤，实现“落红不是无情物，化作春泥更护花”。如果大树迅速成长，而土壤却越来越贫瘠，营养就会跟不上。社会越来越匮乏，必然会引发很多问题。之所以会出现“木秀于林，风必摧之”的情景，其实就是福德和气数将尽的缘故。

所谓“舍”，简言之，就是“为了客户，可以成就企业；为了员工，可以成就老板；为了他人，可以成就自己”。俗话说得好，有舍才有得。要想得到更广阔的舞台，就要舍弃当下的利益，不为当前的蝇头小利而屈服。了解华为的人都知道，创始人任正非就是一个懂得“舍”的人。

近几年，华为展现出了高猛的发展势头，仅2020年营业收入就多达千亿美元，可是即便如此，为何在各大富豪排行榜上却未见任正非的名字？原因很简单，因为任正非将公司的多数股票都分给了为公司做出卓越贡献的员工，把大量的公司收益分享给了为公司默默奉献的人。任正非虽然失去了称雄富豪榜的机会，却用“舍”博得了员工对企业的忠诚。

因为任正非知道，不懂得取舍，将利益看得太重，就无法调动员工的积极性，企业的生命力就会减弱，没有生命力。要想打造百年公司，离不开人才的帮助，需要聚集大量科技人才和一线人才；华为采用“全员持股”模式，将利益分享给众员工，赢得了多数优秀人才的心，因而华为的凝聚力是最强的。

从这个意义上来说，任正非确实是一个拥有大格局的企业家，舍得给予、舍得放权，将员工培养成公司的主人，为公司献策效力，共同推动企业的发展。

将利益牢牢地握在自己手中，甚至紧紧攥住，就无法张开双手拥抱更广阔的世界。要想在商业世界中游刃有余，就要认真权衡，懂得舍弃和放下。唯有如此，才能享受“千金散尽还复来”的畅快。

## /// 全员持股是布局未来的最佳方式 ///

5G时代，信息技术高速发展，根据现在的行业发展状况，我们完全可以大胆预测：在未来5~10年，投资市场充满了无限的机会和可能，只要提高嗅觉敏感度，抓住这些风口，你就有可能成为下一个独角兽企业，即成立不到10年、估值却超过10亿美元的未上市公司。

从募投趋势来看，国内资金的流动性非常活跃，投资行业的资金异常充裕，只要找到好的投资机会，就能轻松获益。成语“顺势而为”告诉我们，无论是传统产业、制造业，还是互联网时代的企业，在服务市场，都要不断满足下游供给的真实需求。

所有产业的演化都要经历一个周期，最佳选择如下：如果某个产业的周期是7年，最好在第二、第三、第四年布局；如果在前两年就开始布局，资本市场也比较配合，股价同步上涨，就能形成两个周期的叠加效应。产业与资本之间的关系可以总结为：真实需求和真实供应之间的缺口。企业要从动态的角度去认识缺口演进，在周期前半段切入，同时进行一些拐点投资。

成语“顺藤摸瓜”告诉我们，产业就是一根藤条，一旦在未来的某一天藤条变得粗壮，就要顺着藤条向周围布局，努力搜寻藤条上即将成熟的潜在明星企业。

市场化机制为投资机构提供了更多机会，如果想跑赢行业发展趋势，就要加快脚步，努力跟上趋势，或提前开始布局。

中国梦，是整个民族的梦，也是每一个华夏儿女的梦。不管我们是否接受，时代的脚步都会慢慢到来，既不用征得你的同意，也无须和你商量，该来的总会来，挡也挡不住。发现机会时，智者宁可抓错，也绝不会放过。全员持股是未来的一大趋势，只有抓住这一趋势，才能赚到钱，远比其他投资高很多，同时还能促进企业或组织的快速发展。

机会对于每个人来说都是平等的，无论你是来自城市，还是从小就在农村长大，只要不断努力，就能取得相应的回报。同样，股权的财富生产者，无论是国企、民企，或个体经营者，抑或个人，只要大家公平竞争，都能获得相应的收益。

记住：

普通人的圈子，通常都是家长里短，只能赚取有限的工资，对未来充满了憧憬。

生意人的圈子，通常大家讨论的都是项目，赚的是利润，会对来年的经营进行构想。

创业者的圈子，大家聚在一起，谈论的多半是机会，赚的是财富，考虑最多的是未来和保障。

智慧者的圈子，大家在一起谈论最多的是给予和奉献，他们的将来一定会自然富足。

不过，不管在哪种圈子中，在全员持股的年代，我们都能获益！

# 第二章

# 股权激励：非上市公司股权激励要点

## /// 非上市公司的股权激励效应 ///

所谓股权激励效应，就是指公司实施股权激励制度的效果，比如，净资产收益率是否上升、总资产收益率是否下降等。

事实证明，如果某个股权激励方案不错或是有效的，通常都具备如下几个条件：信息披露制度比较完备、制定了有序的议事规则、设定了理想的退出机制。任何一个条件都能对激励方案的实施效果产生积极的影响，比如，对于非上市公司来说，如果信息披露制度完善、议事规则健全，就能增强股东之间的信任关系；制定了完备的退出机制，就能顺利地解决人合性（即成员之间存在某种个人关系）和封闭性带来的股权流通受限等问题，即使股东之间发生了纠纷，公司也能从容应对，避免出现危机。

从国内市场来看，实施股权激励的企业主要集中在上市公司，实施股权激励的非上市公司仍然是少数。近些年，随着市场的洗礼、竞争的加剧，以及咨询培训行业的发展，很多中小企业的老板都参与到了股权激励培训课程中，这些企业老板意识到了股权激励的重要性，实施股权激励的企业也越来越多。

中小企业在实施股权激励方案时，往往是就股权激励而实施股权激励，根本就没有制定相应的整体规划，效果不佳，依然无法调动员工的积极性。那么，究竟该如何让股权激励发挥最大效力呢？

管理者首先要明白，员工之所以来公司工作，最核心的目的就是追求自己的梦想，实现自己的人生目标，而不是为了实现你的个人梦想或公司梦想。所以，公司为员工提供平台、授予员工股份、让员工成为公司的主人，都是为了帮助员工实现他的财富梦想，顺带推动公司发展，进而实现自己的梦想。

现实中，很多企业家都是以这样的思维做股权激励的，却无法发挥出相应的效力，原因何在？第一，股权激励对象并没有看到你公司股权的价值，不能感受到股份的升值空间。第二，激励对象安于现状，自甘堕落。第三，激励对象只是公司的过客，来公司目的的不是获得更多的回报，而是另有所图，比如，学习经验后另起炉灶、获取公司核心资料作为他用、来公司追求爱情等。

所以，企业在选择股权激励对象时，首先，要选择有能力、有梦想和追求、能够和公司一起成长或发展的优秀员工。其次，要快速提高股权的价值，让激励对象真正看到希望，看到股份的价值。

1.设计企业的资本路径

为了公司的发展而设计一幅资本运作的路径图，是股权激励能够发挥巨大作用的关键。

资本市场的财富效应快速放大了员工的财富梦想，股权激励对象能够获得比出去创业多得多的回报。这种财富，员工努力一辈子也很难拥有。

当然，能够上市的企业毕竟是少数，但即使是中小企业，也可以为自身设计一幅资本的发展路径图，让企业在资本市场参与股权融资，推动股价快速升值，继而调动股权激励对象的积极性。

企业从天使融资，到A轮、B轮、C轮、D轮融资，一直到上市，每次融资都伴随着企业溢价升值，这样就为激励对象套现退出、溢价升值等创造了不错的机会。

2.改善企业的商业模式

企业不仅要设计良好的资本路径，还要不断改善自己的商业模式，因为这是促进企业持续快速发展的核心动力，也是吸引风险投资参与企业投资的关键。

管理大师德鲁克曾经说："当今企业与企业之间的竞争，不是产品之间的竞争，而是商业模式之间的竞争。"比如，全球餐饮界的巨无霸麦当劳，表面来看只是一家卖薯条、汉堡、可乐的餐饮企业，实质上却是一家地产公司。麦当劳的运作模式是：先购买地产，然后开店。如此，麦当劳在房地产领域赚得的利润远高于开餐饮赚到的钱。

每家成功的企业都有自己独特的商业模式，如平台模式、跨界模式、资本运作模式、资源整合模式、互联网模式……每种模式都隐藏着巨大的创新力量，企业要不断地优化自己的商业模式，提高企业的竞争力和盈利水平，带动企业价值的提高。

那么，商业模式又包含哪些内容呢？以客户价值最大化为核心，设计一整套商业模式，包括战略定位、盈利模型、价值链、核心竞争力，就能推动企业商业模式的优化升级。

3.设计发展战略规划

所谓战略规划，就是为组织制订一个长期目标，然后付诸实施。

企业发展战略主要涉及企业的现在或未来的发展方向性问题：企业应该朝哪条道路走，这条道路究竟有多少成长空间，企业未来在该领域处于一个怎样的地位……

通常，为了更好地发展，企业都会制定一个3~5年的发展战略规划。该战略规划的制定具体包括三个步骤：

第一步，确定目标。即在发展过程中，企业面对各种变化，要达到的目标是什么。

第二步，明确实现目标的方法。即企业为了实现该目标，使用的具体手段、措施和方法。

第三步，形成文本。为了方便后续的评估和审批，要将战略规划形成文本。如果审批没有通过，就要经历几个迭代的过程，不断进行修正和完善。

企业制定战略规划，需要从长远角度考虑，是确保企业获得持续竞争力的关键。制定战略规划，可以让股权激励对象明确企业发展的方向，确定自己的奋斗目标。合理有效的战略规划，能够有效激发员工的工作积极性。

所以，企业要实施股权激励方案，就要从企业整体考虑，考虑到企业的资本路径、商业模式和战略规划，不能就股权激励本身来做股权激励方案。

## /// 非上市公司股权激励的法律风险 ///

与上市公司相比，在非上市公司的管理中，“股权激励”并不是一个陌生的概念，可是很多人依然对这个概念了解得不太清晰。

为了对上市公司的股权激励行为进行有效规范，2005年中国证监会发布了《上市公司股权激励管理办法（试行）》。直到今天，我国还没有制定出专门针对非上市公司实施股权激励的法律法规。即便如此，在发展过程中，很多非上市公司也采取了股权激励措施，制定了股权激励制度，而且还取得了不错的效果。

仔细梳理企业的成长过程就会发现，非上市公司通常都处于种子期或发展期，离不开优秀人才，需要将员工凝聚成一股绳，需要员工和企业同甘共苦，采取必要的股权激励措施，就是激励员工努力工作的有效措施之一。

但在实践过程中，频频发生的股东纠纷诉讼案告诉我们，非上市公司实施股权激励时存在很多问题，如信息披露、议事规则、退出机制等，而要想提高股权激励的效果，就要有效“立法”，完善治理结构，否则面临的将是无休无止的法律风险。

概括起来，非上市公司实施股权激励的过程中，需要注意如下法律风险：

1.创始股东股权的稀释风险

所谓股权稀释，就是随着新股东的加入，使原股东持有的公司股权比例下降。通常来讲，股权稀释有两条路径：第一条路径是股权转让。即在公司注册资本不变的情况下，向新股东转让部分股份，原股东的持股比例下降。第二条路径是增资扩股。即在注册资本增资的前提下，原股东放弃优先认购权，由新股东认购相应股份，导致原股东的持股比例下降。

可是，不管来自哪条路径，要想让员工持股，对创始股东来说，首先都要对账面股权进行减持或浓缩，如此就会影响公司未来的治理结构和控制关系；如果对创始股东或实际控制人的股权稀释太大，公司还要更改实际控制人，继而对公司的上市主体资格造成负面影响。因此，为了防范这种风险的发生，在确定标的股权的比例时，不仅要参考公司的发展阶段和实际情况，还要为未来的融资留出空间。

2.股份支付导致的财务风险

按照《企业会计准则第11号—股份支付》的规定，IPO企业进行股权激励，首先要满足股份支付的条件：①发行人是否换取了员工和其他方提供的服务，包括为了换取服务而向员工（包括高管）、特定供应商等低价发行股份，换取服务的，需要作为股份支付进行会计处理；②与公允价值之间是否存在差额。

如果条件满足，为了减少股权激励本年度的利润总额，接下来就要对企业的股权公允价值（即买卖双方秉着公平、自愿的原则而确定的价格）与受让成本的差额进行费用化处理。经过这样的处理，不仅会一次性减少公司的当期损益，还能增加资本公积，可是这也仅仅是好处，与之相伴的缺点是其对未分配利润等指标造成负面影响。

如果非上市公司发展缓慢，利润比较薄弱，只要将公允价值与激励对象受让成本的差额一次性计入管理费用，公司就会出现亏损，引发动荡。

3.股权纠纷引发的风险

股权激励操作失误，很容易引发如下纠纷。

（1）股权代持纠纷。为了操作方便，很多非上市公司都会想办法减少工商变更登记等手续的办理，转而采取股权代持的方式。这样做的弊端在于，如果员工离职，无法和公司就股权回购问题达成一致，就会产生矛盾。

（2）公司和员工之间出现矛盾。股权激励与公司的经营状况和员工绩效直接联系在一起，而非上市公司一般都处于种子期或成长期，财务方面同样存在很多不规范的地方，比如，公司确实有盈利，财务报表上却是亏损。真实经营和绩效考核失真，就容易在公司与激励对象之间引发新矛盾。

（3）激励对象和创始股东的分歧。激励对象取得公司股权后，作为新股东，很可能会与创始股东发生分歧，比如公司如何经营管理、制定怎样的发展战略等；享受到公司股权升值带来的收益后，有些激励对象可能会不顾锁定期规定或相关承诺，自作主张地离职……一旦出现这些情形，股权纠纷不可避免。目前，在司法实践中，对股权激励纠纷的法律性质还无法界定，存在很多争议，较为典型的富安娜天价股权激励索赔案，前后花费了两年多时间才盖棺定论。

总之，目前非上市公司实施股权激励还没有明确适用的法律法规，但依然可以借鉴上市公司股权激励的相关规定。公司要想发展良好，要想取得理想的股权激励效果，并不是简单地将股权授予员工，而是要明确实施时机、激励对象和持股方式，同时关注股权稀释、股份支付和潜在股权纠纷等法律风险。

谨记，非上市公司的治理和发展离不开股权激励，但也要注意相关的法律风险。

## /// 非上市公司股权激励的主要模式 ///

说到股权激励模式，不得不提的就是上市公司的三种基本模式，即授予限制性股票、期权和股票增值权。而对于非上市公众公司来说，这三种激励模式同样适用。

### 一、限制性股票

限制性股票，被广泛地运用于上市公司的股权激励中，同样是非上市公司最常采用的方式。与上市公司不同的是，非上市公司的限制性股权可以选择单项或多项权能进行限制，比如，股权转让的限制、表决权的限制、盈余分配权的限制等，如此使限制性股权更丰富。

为了激发企业的整体创新创造活力，提高业绩，提高公司的市值和回报；完善现代企业制度，提高人才竞争力，促进企业持续发展；树立标杆，激励和调动骨干员工的积极性，吸引和留住关键人才，人民网制订了限制性股票计划。2020年3月16日晚，人民网发布了《2020年限制性股票计划（草案）》。

> 人民网《2020年限制性股票计划（草案）》
>
> 本计划授予的限制性股票所涉及的标的股票数量为718.28万股，约占本计划草案公告时公司股本总额的0.650%。其中，首批拟授予的限制性股票所涉及的标的股票数量为574.63万股。

本计划采用限制性股票作为激励工具，标的股票是人民网人民币普通股股票，股份来源为向激励对象定向发行的本公司人民币普通股股票。经核算，本次限制性股票激励计划首批拟授予的激励对象总人数为259人，占人民网2018年年底在职员工总数的9.11%。

本计划的激励对象原则上限于公司董事、高级管理者、中层管理者、对公司整体业绩和持续发展有直接影响的核心业务骨干人员。不过，以下人员不能参与本计划：

公司独立董事、监事以及由公司控股公司以外的人员担任的外部董事，不能参与本计划；

单独或合计持有上市公司5%以上股份的股东或实际控制人及其配偶、父母、子女，不能成为激励对象；

公司控股股东的企业负责人在公司担任除监事以外职务的，可以参加该计划，但不能参与公司控股股东控制的其他上市公司的股权激励计划；

由公司控股股东派出的党政领导干部身份人员担任的董事，不能成为激励对象。

（引自　人民网股份有限公司《2020年限制性股票计划（草案）》内容有删减）

## 二、期权

如今，作为一种有效的股权激励模式，期权已经被广泛运用在上市公司中，而非上市公司要想采用这种模式，要想保证期权的激励效果，还需要满足期权适用的前提条件：公司的信息披露制度和议事规则，主要用于保障信息的公开、表达的自由、集体中程序的公平。

可是从法律规定上看，非上市公司适用的法律对这两项内容的规定还不太完善，不仅对激励对象少了信息披露、议事规则的要求，股东权利也得不到《公司法》的保护。缺少信息披露制度和议事规则，期权的激励效果就无法实现。

从不同的角度来看，期权可以分为以下两种类型，如表2-1所示。

**表 2-1　期权分类**

| 类型 | 说明 |
|---|---|
| 补偿型期权 | 如果兑现条件、行权价格和行权条件等都远优惠于正常员工，就可以采取这种期权激励方式。例如，创始人以较低的价格，直接将股权或持股平台合伙份额转让给该员工，在转让时，就能视为已兑现完毕或在授予时100%兑现完毕。但是，一般会附有其他限制条件，比如，离职时的低价回购等。这类人员一般都是对公司有着重要战略意义的核心人才，或已做出重要贡献的人才，或其他特殊情况下的激励处理 |
| 激励型期权 | 惯常的员工期权激励，通常是激励型员工期权，在授予时激励对象并不能得到即时利益，只有满足一定的时间条件、绩效条件和不构成违约等行权条件，经履行行权的程序、缴付行权对价（或出资）后，才能获得相应的股权利益 |

## 三、股票增值权

股票增值权是一种虚拟的股票期权，是非上市公司给予激励对象的一种权利。他们不用实际买卖股票，只要在规定时段内，模拟股票市场价格变化，就能得到由公司支付的兑付价格与行权价格之间的差额。

股票增值权主要具有以下几个特点：

（1）激励对象不会实际拥有股票，也无法享受股东表决权、配股权、分红权等。

（2）激励对象不享有股票的所有权，他们的持有权利也就不能转让，不能用于担保，更不能用来偿还债务等。

（3）根据公式每份股票增值权的收益＝股票市价－授予价格，可以发现，股票增值权与股票价格紧密联系在一起。

从本质上来说，股票增值权其实就是一种股票期权的现金结算，最终由公司以现金的形式将公司收益支付给激励对象。这种激励模式操作条件相对宽松，比较容易通过股东会审核；行权期通常都超过任期，可以有效规避激励对象的短期行为，不用激励对象支出现金，更能激发员工的信心。

股票增值权计划对于公司来说，没有真正发行新股，股东权益无须被稀释，适合现金充裕的大型股份公司。而激励对象不用支付执行费用，就能获得股价上涨的资本收益。

这种激励模式的不足在于：公司要面临较大的现金支付压力；股价与激励对象的业绩联系不紧密，无法发挥应有的激励作用；一旦股价下跌，就可能起不到应有的激励作用。

## /// 股权激励基本操作流程 ///

股权激励的具体实施过程远超人们的想象，并不是简单地将部分股权或期权分给核心成员即可，还需要明确这样几个问题：企业为什么要进行股权激励？股权激励的目的是什么？通过股权激励，能够给企业带来什么，即股权激励的意义如何？分发股权或期权都不是目的，股权激励的最终目的是激励员工努力工作、提高公司业绩、促进企业发展。

要想成功实施股权激励，以下内容必不可少：制订详细的流程与步骤，挖掘核心成员的诉求，制订适合公司自身发展的方案，签署合法合规的协议，保障公司与员工的合法权益。

此外，为了鼓励员工积极参与，支持股权激励计划，还要在公司内部召开动员大会，向员工说明股权激励的规则与制度，让优秀者看到股权或期权的价值，意气风发，斗志昂扬，继续努力，齐心协力，实现股权增值；让员工看到股权或期权的授予标准，通过自己的努力，达到标准，得到公司的股权或期权，享受公司的收益。

概括起来，非上市公司股权激励基本操作流程如下：

1.调研和诊断

调研和诊断是进行股权激励的第一步。这一过程的主要工作是和现有的拟激励员工做沟通，可以直接面谈，也可以使用调研问卷，了解这样几个问题：你们了解股权激励吗？你们有什么诉求？你们认为应该如何对股权激励进行定价？你们是否愿意出资？……此外，还要了解公司现有的股权结构、未来资本运作的规划、公司目前的财务状况，比如，每年净利润水平如何？是否引入了投资机构？如果有，投资估值是多少、现有每股净资产是多少……

2.制订初步方案

股权激励方案的设计是股权激励的核心内容。完成第一步的调研和诊断后，就要结合公司所处的行业、未来资本运作规划、实际控制人的想法，制订股权激励的初步方案，让公司核心股东、董事会等决策层讨论商定。

股权激励方案的制订可以采取“10D”模型，即定目的、定对象、定模式、定载体、定数量、定价格、定时间、定来源、定条件和定机制。

（1）定目的，即公司进行股权激励的目的是什么？

（2）定对象，即公司打算对哪些人员进行股权激励？

（3）定模式，即公司打算采取什么模式对人员进行股权激励？

（4）定载体，即选择适合的股权方式。

（5）定数量，即公司打算拿出多少数额进行股权激励？

（6）定价格，即股权的价格是多少？

（7）定时间，即公司何时对员工进行股权激励？

（8）定来源，即进行股权激励的资金来源如何？

（9）定条件，即满足哪些条件，员工才能享受股权激励计划？

（10）定机制，即制订股权激励制度，规范股权激励行为。

这10项内容后面章节有详细介绍，这里不再赘述。

3.召开动员大会

公司决策层通过股权激励方案后，接下来就要在公司内部召开动员大会，让全体员工了解公司的股权激励规则，为后续激励对象签署协议打下基础。员工如果不了解股权激励计划，公司直接让激励对象去签协议，员工不知道究竟为何，不仅不利于股权激励计划的实施，还容易引发一些负面效果。

比如，核心成员对股权激励不了解，对其中的很多协议条款都不明白，一脸茫然，有些员工甚至认为这是公司在给自己下套，天上不可能掉馅饼！因此，公司在正式实施股权激励方案之前，一定要召开动员大会。

会议结束后，还要留出一定的时间，比如，一个星期，让拟激励对象去消化和思考，如果他们提出了问题和疑虑，公司要认真解答；心里没了顾虑，员工才会慢慢接受。

4.优化管理

方案的实施完成仅是股权激励的开始，后续还要对股权激励方案进行管理与优化。如果公司自身条件允许，可以成立专门的负责小组；如果公司成立时间不长、规模不大，可以由实际控制人直接负责，对股权激励的实施过程进行动态调整，比如，激励对象的辞职、新激励对象的加入、授权标准的调整等。

## /// 股权激励的动态调整机制 ///

公司采取股权激励方案，给予激励对象一定数量的股权或权益，员工就会为了企业的长远利益而更加努力奋斗，就能将激励对象与企业利益捆绑在一起，让员工与企业同舟共济，将企业打造成一个利益、事业的命运共同体。

可是，在股权激励实施过程中，激励对象的个人情况是处于不断变化中的，比如，离职、退休、丧失劳动能力、死亡等，公司的股权激励也要进行相应的动态调整。事实证明，不同情况下的机制调整可以让整个股权激励更加公平、公正地推进。原则上，激励对象因为违法、违规而给公司造成的损失，因股权激励而取得的收益，激励对象都需要返还公司，但在制度中要明确体现。

为了便于读者更好地理解，我们来看看智度股份的动态调整机制，以便将来遇到问题时予以参考：

1.激励对象违法违规

激励对象如果违反法律法规或公司制度，已经获授但尚未行权的期权将被注销；对于已行权部分的股票，公司有权要求激励对象返还收益。

（1）激励对象违反了国家法律法规、公司章程、公司内部管理规章制度，或严重失职、渎职，损害了公司的利益或声誉，或给公司造成了巨大的直接或间接经济损失。

（2）激励对象违反了公司制订的规章制度，依据员工奖惩管理相关规定，受过处分，或被辞退。

（3）在任职期间，激励对象存在受贿、索贿、贪污、盗窃、泄露经营和技术秘密等违法违纪行为，给公司造成了直接或间接的损害。

（4）激励对象犯罪，被依法追究刑事责任。

（5）激励对象违反了有关法律法规或公司章程的规定，给公司造成了诸多损害，如经济伤害、声誉伤害等。

2.激励对象退休

激励对象到了退休年龄，在退休当天，对激励对象获授的期权完全按照退休前本计划规定的程序进行，公司还可以决定其个人绩效考核条件不再纳入行权条件。

3.激励对象离开公司

激励对象主动离职，或公司裁员，或因个人原因被解除劳动关系，在情况发生之日，激励对象已获授但尚未行权的股票期权将不能行权，由公司注销。

4.激励对象担任公司要职

激励对象工作努力，业绩突出，成为独立董事或监事等，无法持有公司股票期权，已获授但尚未行权的股票期权将不能行权，由公司注销。

5.激励对象失去劳动能力

如果激励对象因失去劳动能力，不得不离职，可以分为两种情况处理：

（1）激励对象因工受伤，失去劳动能力，不得不离职，在情况发生之日，期权完全按照丧失劳动能力前本计划规定的程序进行。

（2）激励对象不是因工受伤，失去劳动能力而离职，在情况发生之日，已获授但尚未行权的期权将被注销。

6.激励对象身故

激励对象身故，分为以下两种情况处理：

（1）激励对象因执行职务身故，在情况发生之日，期权将由其指定的财产继承人或法定继承人代为持有，并按照身故前本计划规定的程序进行，且董事会可以决定其个人绩效考核条件不再纳入行权条件。

（2）激励对象因其他原因身故，在情况发生之日，已获授但尚未行权的期权将被注销。

7.特殊情况

激励对象发生以下情况时，自情况发生之日起，激励对象已获授但尚未行权的期权，全部由公司收回并注销：

（1）最近12个月内被证券交易所认定为不适当人选。

（2）最近12个月内被中国证监会及其派出机构认定为不适当人选。

（3）最近12个月内因重大违法违规行为，被中国证监会及其派出机构行政处罚或采取市场禁入措施。

（4）具有《公司法》规定的不能担任公司董事、高级管理者情形的人。

（5）法律法规规定不能参与上市公司股权激励的人。

（6）中国证监会认定的其他情形。

非上市民营公司，完全可以参照上述7个方面，结合不同的激励模式，设置相应的动态调整机制；还可以在此基础上，和激励对象约定特别调整机制，同时把握好不同情况下激励对象退出时的受让主体、价格、操作时间节点和违约责任等，提高股权激励的实施效果。

## /// 股权激励计划的授予与税负 ///

随着经济全球化，企业市场竞争日益激烈，人才“争夺战”更成为企业竞争中的关键环节。“股权激励”顺势而生，成为非上市公司激励和留住核心人才的长期激励机制。

企业推行员工股权激励计划，激励股权的授予及行权程序为核心环节。

## 一、激励股权的授予方式

1.员工直接持股

员工直接持股一共有两种方式，一种是实名登记，另一种是股东代持，具体内容如表2-2所示。

**表2-2　员工直接持股的方式**

| 持股方式 | 说明 |
| --- | --- |
| 实名登记 | 激励对象根据股权激励计划及相关协议，行权所获得的股权会以激励对象的名义在工商进行股权登记，激励员工就会成为公司的实名股东，享受股东的所有权利。该模式的优点在于，激励股权实名在员工名下，可以增强员工的归属感，取得较好的激励效果。缺点是，公司对激励人数、激励数额等进行调节时，要进行多次股权变更手续，程序烦琐，增加了工作量；若公司有上市预期，尽调过程中的公司历史沿革会比较复杂。因此，该模式适用于激励对象少、员工相对稳定的激励计划 |
| 股东代持 | 激励对象根据股权激励计划及相关协议，行权所获得的股权不会直接登记在激励对象名下。激励对象与公司实际控制人签署《代持协议》，将激励对象获得的股权委托给公司实际控制人代为持有，激励对象仅享有该股权的财产性权益，没有提案、表决等权利。该模式的优点在于，公司避免了多次股权变更手续，召开股东会的通知程序简化，公司的控制权没有发生变化。缺点是，员工的归属感相对较弱，《代持协议》的合法性存在一定风险。因此，该模式适用于激励对象较少、需要创始人绝对领导的初创型公司 |

2.员工间接持股

如果公司股权激励计划的激励对象较多，可以采用员工持股平台。目前，有效的员工持股平台主要有以下几种：

（1）设立有限责任公司。公司的实际控制人重新成立一家有限公司，让激励对象担任新公司的股东，新设公司再购买公司股权，成为公司股东。如此，激励对象只要持有新设公司的股权，也就间接持有了公司的激励股权。该模式的优点是可以有效避免员工频繁变动而造成的公司股权变动，但缺点在于：新设的公司会采取虚假注册的方式，不会严格按照营业范围进行正常经营，存在一定隐患；同时，公司分配利润时要缴纳企业所得税，股东得到收益时也要交纳个人所得税，就会加重投资者的纳税负担，致使利润大幅减少。

（2）设立有限合伙企业。公司实际控制人设立一家有限合伙企业，成为新公司的普通合伙人，担任该新公司的执行事务合伙人，激励员工成为新公司的有限合伙人；然后，新公司购买公司股权，成为公司股东。如此，激励对象只要持有新公司的份额，就能间接持有公司的激励股权。该模式的优点在于，避免了由于员工频繁变动而造成的公司股权变动，还能有效避免员工股东“双重”征税的问题。

## 二、激励股权的授予及行权程序

《股权激励计划》经股东大会通过后生效，接下来，就会进入激励股权的授予及行权阶段。

激励股权的授予及行权具体流程如下：

1.签署《股权激励协议》

按照股权激励计划，公司将激励股权、期权和限制性股权等标的股权授予激励对象，和激励对象签署《股权激励协议》。该协议主要包括以下内容：协议主体、激励对象的获授资格、激励标的、激励标的的实现、各方权利义务、协议的终止、违约责任、争议解决等。

2.授予《激励股权/期权授权确认书》

公司按《股权激励协议》约定的激励对象姓名、职务、身份证号、激励股权/期权数量、授予比例等内容制作《激励股权/期权授权确认书》，以此来证明激励对象所获激励期权或限制性股权的数量。

3.激励对象签署《承诺书》和考核文件等

这时，激励对象不仅要明确知道实现激励股权的条件，还要了解《股权激励计划》的配套制度。

4.激励对象努力工作

激励对象要按照《股权激励计划》《股权激励协议》以及相关考核文件，实现考核业绩目标，满足实现激励股权的条件，等待行权。

5.激励对象提交实现激励股权的文件

《股权激励计划》《股权激励协议》约定的期限届满，如果激励对象通过了绩效考核，达到了行权条件，就可以在行权期内向公司董事会或薪酬委员会提交《行权申请书》；如果需要支付购股款，就要支付相应的款项。《行权申请书》一般包括：激励对象的姓名、职务、身份证号、行权数量、比例及价格等信息。

6.激励股权的实现

公司董事会或薪酬委员会根据激励对象提交的行权文件，确认激励对象所获股权数量，由公司统一办理股权变更手续。

## 三、股权激励计划的税负

设计股权激励时，要对激励模式与财税筹划方案进行理想匹配，优化激励效果与税费成本。

1.个人所得税筹划

一般来说，股权激励计划能够为激励对象带来较高的收益，但激励对象需要交纳个人所得税，得到的收益越多，税负越重，为了应对这个问题，就要建立合适的持股架构。

2.企业所得税

搭建了员工持股架构后，要结合股权激励计划，对持股架构进行全面筹划，正确应对企业所得税问题，提高税务的有效性。

# /// 股权激励过程之“六定” ///

这里的“六定”是指：定对象、定价格、定模式、定时间、定数量和定规则。

## 一定：定对象

所谓定对象，就是明确股权激励对象，即将股权授予哪些人。

对于非上市公司来说，选择股权激励的对象，不能盲目照搬上市公司的规定，尤其是“轻资产”的科技企业更是如此。这类公司一般都无房无地，最重要的资本就是人力资源，是创始人团队、股东团队、技术管理团队，公司发展主要依赖于个人能力和协同合作，有较高的人合性需求，更要重点关注激励对象的选择。

股权激励的对象，最好选择对公司具有战略价值的核心人才，比如，掌握企业关键技术或关键资源的人员、具备支撑企业核心能力的人员、掌握核心业务的人员等。选择激励对象，要坚持宁缺毋滥的原则，对少数关键人才进行激励。

非上市公司的核心人才一般包括高管、技术类核心人才、营销类人才等。选择股权激励对象，就要根据公司的行业属性和具体岗位重要性来具体决定。对核心人才的评估，要利用企业的人才模型，重点考察人才的岗位价值、素质能力水平和对公司的历史贡献等。

（1）历史贡献。总结员工对企业所做的贡献，体现了对老员工成绩的肯定，还能给其他员工树立典范，让其他员工意识到：只要努力为公司的发展做贡献，就能和公司共同分享收益。

（2）岗位价值。员工的部分价值会通过所处岗位价值体现出来，因此，公司要明确岗位价值的评价要素，对岗位的价值进行评价，进而对岗位上的员工价值做出正确评价。

（3）素质能力。员工综合素质、能力水平的高低，决定他为公司做出贡献的大小，这一点从他目前为公司创造的价值就可以看出。同样，综合素质不错、能力强的员工，未来也是极具发展潜力的。

具体到评估工具，可以用打分制进行数量化衡量，如表2-3所示。

表 2-3　用打分制对核心人才进行数量化衡量

| 维度 | 序号 | 因素名称 | 因素权重 | 因素含义 |
| --- | --- | --- | --- | --- |
| 价值岗位 50% | 1 | 战略影响 | 10% | 岗位所能影响的战略层面和程度 |
| | 2 | 管理责任 | 10% | 岗位在管理和监督方面承担的责任大小 |
| | 3 | 工作复杂性 | 10% | 岗位工作中面临问题的复杂性 |
| | 4 | 工作创造性 | 10% | 岗位在解决问题时需要的创造能力 |
| 素质能力 30% | 5 | 专业知识能力 | 15% | 员工具有的专业知识能力的广度和深度 |
| | 6 | 领导管理能力 | 15% | 员工具有的领导管理能力水平 |
| | 7 | 沟通影响能力 | 10% | 员工具有的沟通及影响他人能力水平 |
| 历史贡献 20% | 8 | 销售业绩贡献 | 7% | 员工以往对销售业绩的贡献大小 |
| | 9 | 技术进步贡献 | 7% | 员工以往对技术进步的贡献大小 |
| | 10 | 管理改进贡献 | 6% | 员工以往对管理改进的贡献大小 |

## 二定：定价格

采用不同模式和不同工具，股权激励的价格也不一样，比如，实股，采用的是转让或增资价格；期权，采用的是行权价格；而虚拟股票，采用的是虚拟价格。

股权激励价格的制订，决定最终的激励效果能否实现和激励力度：确定价格时，要坚持以下几个原则：

1.以注册资本金为标准

这种定价方法最简单。如果公司注册资本金与企业的净资产之间的差距不大，就可以注册资本金为标准。当然，公司也可以在注册资本金的基础上，选择一种适合的折扣来确定行权的价格。

2.以净资产为基础

在中国境内，如果企业的净资产与注册资本金相差较大，就可以评估的净资产价格为标准，用公司的净资产或净资产的折扣价来确定员工行权的价格。

3.以当期估值为基础

对于境内构架互联网企业，可以按照企业融资估值的比例进行定价。授予期权时，可以当前融资的价格或折扣价来确定行权价格。股权激励的价格，一般以注册资本金价格或净资产价格为主。

## 三定：定模式

1.奖励基金

所谓奖励基金，就是公司年初与年末形成的净资产增值或该年度净利润额，按照“超率（额）累进”原则提出，拿出部分作为奖励基金，以现金形式发放给激励对象。奖励基金的设计要点及激励兑现如表2-4所示。

表 2-4 奖励基金的设计要点及激励兑现

| 项目 | | 说明 |
|---|---|---|
| 设计要点 | 延期支付 | 将员工的提成或奖金在今后的若干年中分期支付，按约定获得一定报酬 |
| | 周期计量 | 以年度、任期、中期等战略规划，作为建立基金的计划时间 |
| 激励兑现 | 年度奖励 | 占到当年奖励基金的 20%，年度奖励基金按照年度进行发放 |
| | 长期奖励 | 占到当年奖励基金的 80%，以预存的方式计入激励对象的名下；只要满足公司规定的条件，就发放给激励对象 |

2.实股

激励计划中的实股，通常都是有限责任公司（包括股份有限公司）的实际股权，代表了持有者（即股东）对公司的所有权。这种所有权是一种综合权利，比如，参加股东会、投票表决、参与公司的重大决策、收取股息或分享红利等，但这里要涉及转让时间与转让对象等问题。

3.期权

在未来一定期限内，激励对象有权以预先确定的价格和条件购买公司一定数量的股权，就是期权。对这项权利，激励对象可以任意行使，也可以主动放弃，但不能转让、抵押、质押、担保，更不能用于债务的偿还。

4.虚拟股权

激励对象名义上享有股份，实际上没有表决权和剩余分配权，不能转让，只能享有部分收益，就是虚拟股权。

虚拟股权主要分为以下三种：

（1）增值权。公司给计划参与者的一种权利。持有者可以不通过实际买卖股票，仅通过模拟股票认股权的方式，以授予时的净资产为虚拟行权价格。

（2）分红权。公司向激励对象赠送部分比例的虚拟股份，激励对象有权享受分红收益。

（3）分红权＋增值权。公司向激励对象授予一定比例的虚拟股份，激励对象有权享有分红收益和增值收益，但没有表决权。

## 四定：定时间

1.股票期权

从原则上来说，行权限制期不能少于1年，行权有效期不能少于3年。在有效期内，可以匀速行权。

2.实际股权

从原则上来说，禁售期不少于1年。禁售期满，要匀速解锁；解锁期不能少于3年。

3.概念辨析

股票期权计划主要包括三项内容，即授予、行权和转让，关键在于授予后至转让前持有期权的阶段；限制性股票包括授予和转让两个环节，关键在于授予后至转让前持有股票的阶段。原则上说，非上市公司的股权不会流向市场。

## 五定：定数量

1.总量的确定原则

公司在确定股权激励总量时，要认真考虑以下几个因素：

（1）公司未来的战略资本。确定股权激励总量时，要关注公司未来股权融资、分立合并所需要占据的股权数量等因素，对股权激励的总量作出预估。

（2）公司的控制权。实施股权激励，会对原有股东的股权份额造成稀释，继而对大股东的控制权造成影响。因此，在不同的发展阶段，实际控制人需要控制好股权激励数量。

（3）人力资本的依附性。如果公司对人力资本依附性强、资金门槛低，实施股权激励的数额，就要大一些；反之，对人力资本依附性较小、资金门槛比较高的公司，股权激励的数额则无须太多。

（4）公司的资产规模。公司资产规模越大，股权激励总额占公司股本比例应该越低，否则，激励数额就会显得异常庞大。

（5）竞争对手的情况。为了让骨干员工长期留在公司，留住人才，就要多和同行业竞争对手做对比，考察一下同行业竞争者的股权激励方案。

2.个量的确定原则

确定了股权激励的总量后，最终都要具体落实到各被激励对象身上。具体到应该给予每个激励对象多少股权，就要参考各公司所处行业、经营状况、同行业竞争情况等因素。同时，还要参考以下几个因素：

（1）被激励对象岗位的价值。也就是说，该岗位对公司业绩的贡献程度、对公司运营的重要程度。

（2）同类竞争企业的薪酬状况。要让公司给予核心员工的薪酬在同行业中具有足够的竞争力。

（3）被激励对象的薪酬预期。例如，某岗位员工的预期年薪约为70万元，同行业同岗位的平均年薪为60万元，就可以采用“50万元现金薪酬+（15万元~20万元）”的股权激励。如此，既能减少公司的现金支出，还能发挥出最大的激励效果。

（4）股权的未来价值。计算被激励对象应得的股权数额，要参考被激励对象的年薪和激励股权到期时的市场价格。

## 六定：定规则

股权激励计划的实施是一个系统工程，确定好以上要素后，为了保证股权激励的有效实施，还要制定一系列管理机制。该管理机制主要包括：

1. 业绩考核原则

实行有效的业绩考核，就能确定员工对企业的贡献或不足，还能为人力资源管理提供可参考的评估资料。

实行业绩考核，必须坚持以下原则：

（1）明确和具体。进行业绩考核，首先就要设立明确的、具体的指标条件，让考核对象准确地理解目标。

（2）可量化。实行业绩考核时，对管理者与员工的工作进行量化，就能细致量化目标和考核条件，考核标准就不会模糊不清。

（3）目标可实现。考核目标必须是员工经过努力可以实现的，既不能太高，也不能太低。

（4）实际性和现实性。在尊重现实的基础上，制定客观的考核目标性，不能成为空中楼阁。

（5）时限性。确定了考核目标的时限性，员工就能在规定的时间内完成目标；反之，考核结果就是无效的。

2.股份数量和价格的调整规则

对激励股份的数量与价格进行调整，需要注意以下几点：

（1）既然要调整股份数量和价格，就要在公告中说明为什么要进行调整。

（2）调整股份数量和价格时，如果想增加激励股份，就要讲清楚股份的来源；仅进行价格调整，则要说明调整的具体原因。

（3）对股份数量和价格进行调整时，非上市公司需要召开股东会或董事会，会议通过后才能具体实施；而上市公司不仅要经过股东会和董事会通过，还需上报给证监会和全国股转系统进行审核，同时还要在指定的信息平台上公示。

3.制定股权的退出规则

退出规则包括三方面内容：正当到期的期权回购、员工离职情况的期权回购、特殊情况的期权回购。

制定股权退出规则时，要遵守以下两个原则：

（1）公平、公正。制定的退出条件中出现霸王条款，会引起员工对激励的质疑，不信任企业。

（2）维护员工和公司的利益。制定股权退出规则，不仅要维护企业利益，还要维护员工利益，才能体现出企业的诚信。

# 第三章

# 股票收益：上市公司资本博弈分析

# /// 上市公司盈利能力与股票收益 ///

## 一、上市公司的盈利能力

从本质上来说，上市公司的盈利能力就是公司获取利润的能力，即赚钱的能力，这也是投资者最关心和看重的一个分析指标。从统计角度来讲，只要能获得过去一段时间内企业的真实经营数据，投资者就能比较准确地判断出企业的盈利能力。

拿出财务资料的时候，有些上市公司总会列出总利润、净利润等数据，但事实上，有些比率比利润数额的绝对数值更重要。下面就是一些常用的比率：

1.每股现金流量

具体公式为：

每股现金流量 =（公司经营活动产生的净现金流量 − 优先股股利）/ 流通在外的普通股股数

由该公式可知，公司的每股现金流量越高，每股普通股在一个会计年度内赚得的现金流量就越多；反之，每股普通股在一个会计年度内赚得的现金流量就越少。

2.每股净资产

公司净资产归全体股东所有，也称为股东权益。

每股净资产是公司每股普通股票代表的公司净资产，即每股净值。

具体公式为：

每股净资产 =（公司资产总额 – 公司负债总额）/ 公司股本总额

3.现金流量比率

现金流量比率可以体现公司偿还即将到期债务的能力，是净现金流量与流动负债的比率。

具体公式为：

现金流量比率 = 净现金流量 / 流动负债

由该公式可知，现金流量比率越高，公司现金越充足，则具备较强的短期偿债能力；反之，公司现金越紧张，短期偿债能力越差。

4.资本收益率

运用资本收益率，可以对投资者投入资本获取收益的能力进行分析。

具体公式为：

资本收益率 = 公司一定时期的税后利润 / 实收资本（股本）

由该公式可知，资本收益率越高，投资者投入资本的获得利益能力越强，对股票越有利；资本收益率越低，投资者投入资本的获得利益能力越弱，对股票越没有好处。

5.市盈率

市盈率，可以体现股票投资者对每1元的利润愿意支付的代价。

市盈率也称本益比，是股票每股时价与每股盈余的比率。

具体公式为：

市盈率 = 股票每股时价 / 每股盈余

由该公式可知，市盈率越高，公司股票的投资价值越高；市盈率越低，公司股票的投资价值也就越低。

6.销售净利率

销售净利率，是指公司净利润占销售收入的百分比。

具体公式为：

销售净利率＝公司净利润／销售收入

由该公式可知，销售净利率与净利润成正比，与销售收入成反比，销售净利率越高越好。

7.每股盈余

每股盈余是衡量公司每股普通股所能获得的纯收益多少的一个指标，指税后利润与股本总数的比率。

具体公式为：

每股盈余＝税后利润／股本总数

由该公式可知，每股盈余越高，对股票越有利。

## 二、上市公司的股票收益

股利收益率又叫获得利益率，是指上市公司以现金形式派发股息与股票买入价格（每股原市价）的比率，可以用来计算已得的股利收益率，也可以用来对未来可能的股利收益率进行有效预测。

计算公式：

初始股利收益率＝每股股利／每股原市价 ×100

当然，在公司分配方案的公告中：如果每股股利表述为“每10股发放现金股利××元”，只有将配方案中的现金股利再除以10，才能得到每股股利；如果公司每年发放两次股利，年度每股股利就是：（第一次每股股利＋第二次每股股利）/总股本每股股利可以反映出上市公司每一普通股获得股利的大小，每股股利越大，公司股本获得利益能力就越强；每股股利越小，公司股本获得利益能力就越弱。

每股收益是公司每一普通股所能获得的税后净利润，而上市公司实现的净利润并不会被全部用在股利的分派上。每股股利一般都低于每股收益，公司一般都会拿出部分作为留存利润，用于公司的未来发展。

可是，如果公司在发展过程中遇到特殊情况，每股股利也可能高于每股收益，比如，公司经营状况不好、税后利润不够支付股利、经营亏损没有利润可分……其实，为了提高投资者对公司及股票的信心，公司依然可以用历年积存的盈余公积金来支付股利，或弥补亏损以后再支付。这时，每股收益就是负值，而每股股利却是正值。

不过，在这个过程中，上市公司需要注意以下问题：

1.公司上市要求连续3年盈利，每年盈利是多少

上市公司要想上市，必须同时满足以下几个条件：

（1）公司股票经国务院证券管理部门批准，已经正式向社会公开发行。

（2）公司股本总额不少于5000万元人民币。

（3）公司开业时间不少于3年，最近3年连续盈利。

（4）原国有企业是依法改建而设立的，或《公司法》实施后新组建成立，如果主要发起人是国有大中型企业，可以连续计算。

（5）持有股票面值为人民币1000元以上的股东人数不少于1000人，向社会公开发行的股份占比超过公司股份总数的25%；如果

公司股本超过人民币4亿元，向社会公开发行的比例为15%以上。

（6）最近3年内，公司没有发生过重大违法事件，财务会计报告没有虚假记载。

2.股票的涨跌与公司的盈利是不是直接联系在一起

股价反映的是公司将来的盈利状况。无论公司将来是否盈利，都只是一种预期和希望。

对于上市企业来讲，股价涨跌，和它并没有太大的关系。企业之所以要发行股票，主要目的还是融资；一旦融资完成，该怎么生产还怎么生产。但是，如果企业要贷款或增发新股，性质就完全不同了，股价越高，能拿到的贷款就越多。

3.上市公司盈利，股价一定会涨

上市公司盈利，股价不一定会上涨。因为很多时候，股市就是庄家与散户的博弈，如果庄家相中了某只股，就会先拉低吸货，然后用各种方法拉升，最后再出货。所以，具体涨不涨，并不是一句话就能说清楚的。

4.上市公司如何从股市中获得收益

对于上市公司来说，只要溢价发行，就能获得高额回报。比如，面值1元的股票，将发行价定为几元甚至十几元，然后再上市炒高，让股东套现。

5.上市公司如何在涨价的股票中获得利益

上市公司和二级市场股票的上涨下跌没有关系，不能在涨价的股票中获得利益。

## /// 上市公司的经营业绩与股价 ///

炒股票，虽然题材有很多种，但总体来说，通常都是炒经营业绩或与经营业绩相关的题材。所以，在股市上，股票价格与上市公司的经营业绩呈正相关关系，业绩越好，股票价格越高；业绩越差，股票价格越低。

不过，还有一种特殊情况。有些股票的经营业绩每股只有几分钱，价格却比股票高。因为股票价格是由竞争环境决定的，只要股民愿意、资金足够、安分守己，出价最高的一方就能决定最后的成交价。

经营业绩对股价的影响可以用股价的静态公式来计算，具体公式为：

$$P = L/i$$

式中，$P$为股票的价格；$L$为每股股票的税后利润；$i$为股民进行其他投资可取得的平均投资利润率。

由这个公式可知，股民从事其他投资，如果每1元可以获得收益$i$，要想在投资股票时取得收益$L$，就要支付资金量$P$。此时，投资股票的收益与其他投资相等。

举个例子：

一年期定期储蓄存款利率为10.98%，某只股票的税后利润为每股0.66元，按照这个公式计算，该股票的价格就是6.01元。这时候，对于这6.01元来说，购买股票或存入银行，都能获得同样的投资收益。

根据这个公式可知，股票价格与经营业绩成正比，与其他投资的平均利润率成反比，不管是上市公司经营业绩的提高，还是储蓄利率的降低，都会提高股票价格。因为，影响股价变化的因素并不仅仅包括经营业绩和平均投资利润率；同时，上市公司的经营业绩还会随着经营环境和产品市场的竞争而发生变化。

举个例子：

如果明年上市公司的经营业绩降到每股0.55元，使用这个公司极端，股价就会下跌到5元。只要股民在本年度能够预测出上市公司下年度的业绩会降低，就会用5元多的价格去购买股票，而不是6.01元。

这种计算股价的方法就是静态法，即假设选用的参数固定不变，最终结果多半会出现误差。

此外，使用这个公式，还能计算出股价的最大值。只要上市公司不倒闭，寿命期就会趋于无穷大。

虽然股票的价格无法用一个确定的公式来表示，但可以肯定的是，都和上市公司的业绩即税后利润成正比，即税后利润越大，股民的投资收益就越高，股票的价格也就越高。

## /// 上市公司股票价格的确定 ///

上市公司股票价格如何确定？需要考虑的因素有：公司规定和计划发行的股份数量、注册资本确定发行的下限，最后的发行量则要根据融资金额、公司估值等来确定。

注册资本就是股本，1亿元的注册资本代表1亿股，拟发行的股份数量不能少于发行后总股本的25%。发行量，1亿股基本上超过3500万股。例如，如果一家公司资金注册了100万股，发行了100万份，每股发行时的价值就是1元。可是，公司的资产与股份数量没有关系。拥有1200万资产的公司，可能只有120万股或1200万股。

上市公司和股票价格之间有什么关系？

股票价格从另一个方面反映出其市场上公司的质量如何。如果股民认为这家公司有潜力，未来一定会发展得很好，自然也就愿意购买该公司发行的股票。可是，国内的股票市场却很难把公司的质量和发展前景联系在一起，多数股民都不愿意进行长期投资，投资已经变成了投机。

上市公司股票自身不存在任何有用的价值，却可以作为一种商品来买卖，自然就会出现价格。股票买卖的价格也称为股票市场，是指股票在证券市场的交易价格。

在买卖过程中，股票可以分为两类：市场价格与理论价格。这两类价格并不对等，价格之间还存在很大的差距，股票的理论价格通常只对市场股票价格进行一个预测，作为确定市场价格的参考。

股份的形式是股票，不同类型的股份制企业采用不同的股票形式。其中，股份只是用来代表公司股份的股份形式。根据股份代表的资本数额，股东的股份和权利都需要被记录下来，供人们认购和交易转让，只要持有股份有限公司的股份，就能获得股东资格，行使股东权利。

## /// 上市公司股票发行实务 ///

所谓发行股票，就是公司募集资金的方式。

从法律角度来看，可以将募集资金分为股权融资和债权融资两种。其中，股权融资的方式就是发股票，而股权融资又可分为公开募集和私下募集，即公募和私募。在我国，股份有限公司可以采取私募的方式发行股票，只有上市公司才能采取公募的方式发行股票。

那么，上市公司是如何发行股票的呢？发行新股时，可以采取两种方式：一种是向社会公开募集，另一种是向原有的股东配售，即配股。这两种方式，既可以单独使用，也可以联合使用。也就是说，如果想发行一次新股，完全可以拿出部分股票出售给原股东，同时将另一部分向社会公开募集。

如果上市公司中有国有股（包括国家股、国有法人股），增发新股时，还会涉及国有股减持的问题。根据有关规定，国有股减持主要采取国有股存量发行的方式。因此，上市公司增发股票时，要按照融资额的10%出售国有股；如果该股份有限公司设立不到3年，拟出售的国有股就会被划拨到全国社会保障基金理事会，然后由其委托该公司在公开募股时一次或分次出售。国有股存量的出售收入要全部交给全国社会保障基金。

1.发行新股的核准

公司发行新股，股东大会作出决议后，由董事会向国务院授权的部门或省级人民政府申请批准；如果需要向社会公开募集，则要经过国务院证券监督管理机构核准。公司经核准向社会公开发行新股时，不仅要递交公告新股说明书、财务会计报告和附属明细表，还要制作认股书。

2.新股承销

公司向社会公开发行新股，需要由依法设立的证券公司承销，并签订一定的承销协议；如果发行的新股票面总值超过人民币5000万元，则要由承销团承销，该承销团通常由主承销和参与承销的证券公司组成。

3.做出新股发行的决议

公司发行新股，有利于公司资本的增加，应当由股东大会作出决议，决议内容包括：新股种类及数额、新股发行价格、新股发行的起止日期、向原有股东发行新股的种类及数额等。

4.募集后的登记公告

募集新股后，公司资本就会增加，因此，公司发行新股募足股款后，公司必须到登记机关办理变更登记，办理变更手续，并发布公告。

# 第四章

# 长期持股：长期持股才能与“牛”共舞

## /// 长期持股的好处有几何 ///

为了调动全体员工的积极性，企业完全可以给员工分发股份，让出部分股权，利用股权的长期潜在收益，激励员工，保证企业财富的持续增长。具体来说，主要表现在如下几方面：

1.减少摩擦成本

每次交易，公司都要付出一定的成本。比如，沪市要缴纳一些学杂费，卖出千分之一的印花税。仔细算起来，如果每人每天交易一次，10000元就需要付出大约16元的成本，一年（交易日约270多天）就是4320元。如此，就会增加企业的成本，蚕食企业的利润。长期持有，才能减少这部分消耗。

2.约束员工的言行

股权激励具有一定的约束性。原因就在于，对于激励对象来说，只有努力工作，才能得到他想要的。股权激励的运用，让老板和员工建立起一个利益共同体，让员工自动自发地去工作。员工的股份和公司股份联系在一起，即使不考虑公司只考虑自己，员工也不会敷衍工作。从这个意义上来说，股权激励是一种内生力，更有一定的约束性。

3.激励员工努力工作

对员工进行股权激励并不是分刮老板兜里的钱，而是通过一种奖励机制，激励员工创造更多的利润，让他们更加努力地投入工作中。企业做股权激励，就是要通过设定预期绩效目标，激励员工为公司创造更大的价值，然后拿出部分利润对贡献巨大的员工进行激励，激励他们更快地成长。

4.为民主管理奠定基础

即使再独裁的企业，也需要适度的民主。让员工持股，股权就会适度开放和分散，持有股份的员工基于股东身份，就会产生股权意识和股东责任，从而主动为企业承担起责任，对公司的发展和管理提出意见和建议，为股权民主和民主管理奠定基础。

5.享受公司内在价值的提高

公司的发展并不是一蹴而就的，需要经历一个漫长曲折的过程，只有员工和公司同舟共济，才能享受到公司内在价值的提高，享受公司红利。这个过程是以“年”计算的，如果以“天”甚至以“分钟”计算，就无法享受到这部分权益。

6.让员工具有独立人格

股权激励的实施，不仅可以让老板具有独立的人格，还能让员工保持独立的人格，提高对企业的参与意识，让老板和员工收获更多的自信和信任，老板和员工之间是平等的，就会齐心协力，共创佳绩。

7.将更多的优秀人才留住

事实证明，越是优秀的人才，获得的股权份额越多，一旦企业价值被提升，优秀人才对自己股权利益的想象空间将会被无限放大，强化优秀人才对企业未来的认同，提高他们对企业的忠诚度。

## /// 适合长持的股票 ///

员工持股计划形式多样，内容繁杂，各具特色，按照员工持股的目的，可以分为福利型、风险型和集资型。

1.福利型员工持股

这种持股方式的主要目的是为员工谋取福利，吸引和保留人才，增加企业的凝聚力。具体方式是，将员工的贡献与拥有的股份联系起来，逐渐增加员工股票积累；同时，将员工持股与退休计划结合起来，为员工积累多种收入来源。此外，还可以将员工持股与社会养老计划结合起来，员工每月都能拿出部分工资购买企业权；向离退休人员和高级管理人员提供低价股票、实行股票期权、让员工跟企业共同分享利润，也是福利型员工持股。

这种持股方式，重点在于将员工持股同养老和社会保险结合起来，为员工增加收益，让员工退休后没有后顾之忧，激励员工长期为企业工作。其缺点在于，容易使员工产生福利收益固定化思想，无法将激励作用发挥出来。

2.风险型员工持股

这种持股方式的直接目的是提高企业效率，特别是提高企业的资本效率，只有企业效率增长，员工才能得到收益。具体方式是，让员工出资购买或以降薪换取企业股份，但较长期限内不能转让兑现，建立风险共担、利益共享的机制。其缺点在于，风险太大，时间太长，会让员工对预期收益目标失去信心。

3.集资型员工持股

这种持股方式的直接目的是让员工出资，使企业得到生产经营、技术开发、项目投资所需要的资金，缓解资金不足的问题，将个人利益与企业发展结合起来。不过，员工一次性出资数额较大，员工和企业都要承担较大的风险。

## /// 找到好公司和好股票的三个步骤 ///

要想用股票激励员工，首先就要选股，如何才能选出一只好股票呢？有的人会自己选，有的人会抄别人的作业，有的人则会在选好股票后向他人咨询意见……各种投资者都有。但不管怎样选股，最终能赚到钱的方法就是好方法。

那么，如果手里有4000多只A股股票，如何才能在众多股票中选出优秀的个股呢？可通过以下步骤选股。

### 第一步　量化指标

所谓量化指标，就是能用具体数据来体现的指标，如市盈率、市净率。

通常，多数人都希望自己买入的个股具有高成长性、高确定性，因为只有这样的股票，未来几年的收益才不会差。市盈率和市净率虽然也是量化指标，但并不能反映个股的成长性，只能在一定程度上反映个股的估值。所以，并不能将市盈率和市净率作为选股的第一标准。那么，采用什么指标呢？

1.PEG

成长股最重要的指标是增长，而这个增长一定体现在营收和净利润两方面。哪个指标能够很好地反映增长呢？可以采用市盈率相对盈利增长比率PEG，公式为：

PEG= 股票的预期市盈率 / 未来每股收益增长率的估计值

在很多股票软件里都有PEG这个指标，可以直接使用，通常只要是小于1的股票，投资价值都比较高。

2. 当季每股收益

首先，当季每股收益至少应该上涨18%，当然越高越好；其次，最近几个季度的每股收益在持续上涨，即这只股票业绩可能会迎来持续增长。

3. 年度每股收益增长率

近三年来，年度每股收益增长率应该大于25%。通常，只要采用上面三个量化指标进行初步选股，就能排除80%以上的股票，指标参数选得越高，选出的股票越少，这也符合“二八定律”，因为股市中真正具有投资价值的企业不会超过20%，剩下80%的企业完全可以忽略。

## 第二步　选择好赛道和好公司

这里的好赛道指的就是好行业，只不过换了一种说法而已。那么，怎样才算是好赛道呢？

发展势头良好的行业一般都具有这样几个特征：发展前景良

好，夕阳产业不可能是好赛道。当然，夕阳产业也有好公司，只不过是在有限的发展空间里做大做强而已。好赛道一般都具有发展前景广阔、商业模式好、赚钱较轻松、行业规模大的特点，如白酒、食品消费、保险等。

有些公司极具发展想象力；在已有的市场空间和同行竞争，有些公司只能通过蚕食别人的市场来壮大自己。因此，为了好中选好，就要选择好赛道里的好公司。只有这样，才能超越差公司，比如白酒，即使公司经营不好，因为身处好赛道，也能获得一定增长。

## 第三步　正确估值

通过量化指标选出具有成长性的股票，通过好赛道好公司进一步筛选淘汰，可能只剩下几十只甚至不足十只。当然，最后究竟还能剩下多少，和量化指标的高低有关。

在剩下的股票里，要选出适合买入的。因为，有些股票具有成长性，也是好赛道里的好公司，但是估值太贵，很难买入。

那么，如何评价一只股票的估值呢？可以参考历史市盈率和市净率，看看它究竟处在什么阶段。通常而言，位于历史底部的，估值较低，具有一定的投资价值。还可以从成长的角度去看，3年后如果股票能以20倍左右市盈率卖出并100%获利，就具有投资价值。

怎么理解这句话呢？一只股票当前的市盈率为20倍，3年后就能赚100%，即3年后业绩翻倍，市盈率保持不变。另一种情况是，当前市盈率为10倍，3年后市盈率为20倍，业绩不变，估值提高，同样能赚100%。

简言之，就是先利用量化指标进行股票的初步筛选，然后选择好赛道和好公司，再对候选股票进行估值，具有投资价值的可以考虑买入，高估值的等待估值回归。

以上是选股的必要步骤。此外，还有一些其他参考指标。比如，净资产收益率ROE。欧奈尔把该指标设为不小于17%，ROE越高越好，如茅台的ROE长达30%以上。

市值。小市值的股票一般都比大市值的股票更容易涨起来，涨幅可能更大。有人把市值限定为小于50亿元，也有人把市值限定为小于100亿元。

股息率。高股息率意味着公司有现金，能够分红。公司若没赚到钱，自然就无法分红。对于6%、7%股息率的股票，收益率远高于银行存款。

股东回购。股东回购公司的股票，意味着公司发展前景较好，股东才愿意拿出钱回购。

需要注意的是，不管采用哪种方式选股，买入股票之前，一定要认真研究股票的发展前景，要主动和同行业的其他企业进行对比，看其具有哪些优势，然后做出投资决定，继而提高赚钱的概率。

## /// 长期持股策略下的卖出理由 ///

员工持股计划是一种全新的股权形式，也是上市公司的一种融资方式。企业之所以推出员工持股计划，就是为了将员工和企业的利益捆绑在一起，激励员工为公司献策献力，提高企业竞争力。因此，员工持股计划通常都是3年。到期后，第一年可以卖出部分，第三年则要全部卖出。

员工将自己持有的股份卖出，主要有以下四个理由：

1.公司基本面发生了重大变化

比如，公司失去了自己的竞争地位、原有的商业模式被推翻、产品和服务已经过时等，在短时间放慢了增长速度，就需要具体分析和判断。

2.股票价格涨幅快速

具体的疯狂程度可以结合市场整体牛熊来判断。这一点主要看大盘，比如，短期内如果大盘拉到4000点、5000点，就说明股价很疯狂。

3.发现自己买错了股票，需要立刻改正

比如，投资者本来预期某产品要涨价，买的相关股票股，结果产品价格开始步入下行周期，这时候就要立刻改正。

4.找到了“性价比”更好的投资标的

比如，投资者本来购买的是舍得酒业，经过判断，投资者认为酒鬼酒业的可能会更好。

上述四种卖出情况，都是顺理成章的行为，但一定要坚决规避两种卖出情况：

（1）冲动交易。这种卖出往往是愚蠢的，是情绪化的，是在冲动状态下进行的交易。

（2）乐得卖出。投资者认为赚了钱，比如赚了百分之几十或者翻倍了，就乐得卖出。这种卖出实际上是一种愚蠢的卖出，单纯的股价上涨并不是卖出的理由。

## /// 长期持股“解套”的方法 ///

只有市场环境健康，股市运作稳定，长期持股才能给激励对象带来更多的回报，长期持股论才不会成为人们茶余饭后的谈资。

如果股市大跌，对于被套的激励对象，可以采取以下八种解套方法：

1.止损解套法

对于追涨、投机性买入的股票或股价在高位的股票，或者满仓深套的激励对象，就可以使用止损解套法，提高效率，一步到位，但要承担一定的做空风险。具体操作要遵循两个原则：①果断行动，及时抓住止损的机会；②为了减少踏空，不要在低位操作，要设置回补，一旦发现股价不再下跌，就要及时回补。

不过，一旦出现以下情况，切勿使用这种方法。

（1）股价处于历史价位的低位区。如果公司的消息面没有发生明显变化，股票却处于该股历史价位的低点，就不能止损，该股很可能只处于盘整阶段，上涨的概率非常高。

（2）股票上涨过程中进行调整。股票在上涨过程中下跌，很可能是处于鬼跳阶段，这时急于出场，容易错过后期的爆发，导致悲剧收场。

（3）股价高位下跌却不放量。出货前经历洗盘、震仓等操作，看似被套牢了，但如果是无量下跌，就要思考：这是否是专家在出货之前做出的预警？

2.摊平解套法

使用这种方法，可以提高解套的速度。但在下跌过程中，风险会被无限放大。要想顺利解套，就要从以下几方面进行分析，然后采取有效措施。

（1）多头市场下，如果跌破了半年线，就表示该股已经走入空头走势，如果套牢价格高于半年线价格一两倍，暂时不用对走势进行管理，要根据距离除权日的远近来确定。

（2）在空头市场，如果不小心买到下跌走势的股票，要想进场摊平，首先要看平均线是否出现“岛型反转”的信号。

（3）在多头市场，平均线不能跌破72日：如果没有利空消息，同时跌破72日线，就能在72日线处，加码买进。如果出现了利空消息，同时跌破72日线，首先要在72日线处认赔出场，下跌到出现阳体实线时，再进场做多。

（4）如果季线和月线一直都维持多头走势，就可以在每日收盘价抵达季平均价时，采取买进操作；如果收盘价高于季平均价35%处，首先将已套牢的筹码摊平。

（5）正常走势下，如果6日线下跌到12线、24线交叉，而不再下跌，就能在12日线处加倍买进；同时，在收盘价处于24日平均价50%处，全部清出。

（6）如果股价从高档反转到前一波低档处，而且前一波低档的价格正好是季平均价，就可以加码买进，等到上涨到前一波高档价时，再全部卖出。

3.换股法

如果觉得自己的股票实在没有机会，就选一只与该股票价格相差不大、有机会上涨的股票，用同等价格换入有上涨希望的股票；然后，用第二次买入股票上涨后的利润，抵消第一次买入股票因下跌而造成的亏损。这就是所谓的换股法。

采用换股法，要遵循以下几条规律：

（1）留强去弱。弱势股具有一个特点：如果大盘下调，弱势股就会随着大盘回落，幅度往往超过大盘；如果大盘反弹，弱势股即使跟随大盘反弹，力度也比大盘弱。所以，如果手中持有的是弱势股，不管能否获利，都要及时清仓，选择强势股。

（2）留新去老。新股一般都没有经过扩容，流通盘偏，容易被主力控盘；上市时间不长，没有被疯炒过，是新利润的增长点。因此，要留住新盘，换出老盘。

（3）留小去大。对于小盘股，容易被更多的庄家选中控盘，股性较活，走势强于大盘，所以，要留住小盘股，换出大股盘。

（4）留低去高。低价股往往容易被市场忽视，投资价值会被市场低估，涉及的风险较低。换股时，要换出高价股，留住低价股。

4.分步解套法

平衡市且套得较深的股票，可以使用分布解套法，来缩短解套时间。其缺点在于，如果把握不好，容易踏空，不适用于牛市。具体操作时要遵循两个原则：①如果激励对象手中有多只股票被套，就要利用板块轮动的特点，将资金集中在一起，选择先启动的个股进行操作；成功解套后，再依次将其他股票进行击破。②在上升通道中，可以低吸高抛，股市处于弱势时，要想获得利益，会比较难，最好不要操作。

5.单日T+0法

股票价格每天都处于不断的波动中，要想成功解套，就要抓住这些波动来想办法做文章。比如，昨天被套100股，今天可以先买100股，等股价上涨了，再售出100股；也可以先卖100股，等到股价下跌，再买入100股。如此，等到今天收盘，虽然依然是100股，但已经买卖过一个或几个来回了。一进一出或几进几出，收盘数量虽然和昨天一样，但现金却有所增加。如此，就能大幅降低成本，直到解套。

6.向下差价法

当股价反弹到一定高度，几乎可以看到短线高点，就先卖出；等到下跌一段后，再次买回。如此，就能降低股票的成本，一旦总资金补回了亏损，就完成了解套，等到有了盈利，再全部卖出。

7.向上差价法

在低点买入股票，等股价反弹到一定高度，能看到短线高点了，再将其卖出。如此，来回操作几次，就能降低股票成本，弥补亏损，完成解套。

8.降低均价法

这种方法也叫金字塔法，具体操作如下：每跌一段，就加倍买入同一只股票，使平均价格降低，等到股票反弹或上涨，再解套出局。投资者手里如果有大量现金，并有足够的胆量，就可以采用这种方法。

# 中 篇

# 全员持股的策略和方法

# 第五章

# 全员持股方案的设定

## /// 确定人员范围 ///

股权激励计划激励对象的确定，共包括两方面内容：一个是确定股权激励对象有哪些，即股权激励对象的范围；另一个是股权激励对象的确定依据。

之所以要制订股权激励计划，主要目的是将公司股权授予核心成员和团队骨干，让这类人员与公司的长期发展利益保持一致。这类人员在公司的发展中发挥着关键作用，因此，股权激励的激励对象范围就是对能够影响公司发展的关键人员范围。

### 一、非上市公司股权激励对象的范围

对于非上市公司来说，选择股权激励对象，要关注三个因素，即管理岗位上的经理层、关键岗位上的工作人员、董事会。主要原因就在于，非上市公司对激励对象的选择摆脱了法律政策的限制，董事会在确定股权激励范围方面，灵活性比较强。

1.激励对象所处的岗位

激励对象主要包括：公司董事、总裁、副总裁、财务负责人；中高层管理者、部门副经理级；核心业务骨干；核心技术人员；优秀的销售骨干；其他公司董事会认为对公司长远发展有重要作用的人员。

2.激励对象在公司的工作年限

激励对象必须在公司连续工作2年以上，对于为公司做出特殊

贡献的人员或专门引进的员工，经董事会审批，可以适当放宽“司龄”要求，如3年或5年。

## 二、上市公司股权激励对象的范围

对上市公司来说，股权激励对象范围的确定要按照《上市公司实施股权激励管理办法（试行）》等相关法规的规定。

一般来说，上市公司实施股权激励对象的范围如下：董事（不包括独董）；高级管理者；核心技术（业务）人员；其他董事会特批的员工。

根据上市公司股权激励相关监管法规的对象，以下人员不能作为股权激励计划的激励对象：

（1）在国有控股上市公司中，普通员工不能作为激励对象，上市公司以外的人员担任的外部董事也不能作为激励对象。如果上市公司母公司（控股公司）的负责人担任一定的职务，则能参加股权激励计划。

（2）要想将董事、高级管理者、核心技术（业务）人员以外的人员选为激励对象，上市公司就要在股权激励计划备案材料中，对其与上市公司业务或业绩的联系程度进行认真分析，找到合适的理由。

（3）企业自2009年1月起暂时停止实施股权激励和员工持股计划。在国家正式公布企业股权激励和员工持股政策之前，企业不能实施股权激励，更不能制订员工持股计划。

（4）为了充分发挥监事的监督作用，不能将监事作为激励对象。

当然，股权激励作为一种重要的利益分配机制，确定激励对象是一个非常敏感的问题。但是，只要被内选为激励对象，相关人员都能感受到企业对自己的认可，继而发挥巨大的促进作用，工作起来也会更加努力；而没有被选中的员工，尤其是处于圈子边缘的员工，很可能会产生一些负面情绪，如不甘、妒忌、猜忌等，对将来的工作造成负面影响。

## 三、确定激励对象，公司应遵循的原则

在推行股权激励计划过程中，要想确定激励对象，公司应遵循以下三项原则：

1.价值原则

这里的“价值”是指激励对象对公司的价值，既包括过去的价值，也包括未来的价值，相较而言，后者所占权重更大一些。

价值原则是由股权激励目的决定的，那么，企业确定的股权激励目的都有哪些呢？

（1）将股东利益、公司利益和经营者个人利益等结合起来，一边对人员进行激励，另一边约束人们的言行，提高企业的软实力，促进企业目标的实现；同时，给公司、股东、骨干员工等带来更高效、更持久的回报，让他们真正得到实惠。

（2）为有潜力、志向远大的年轻员工提供更好的发展空间，鼓励他们奋发向上，制造人才辈出的企业氛围。

（3）吸引人才的加入，留住优秀人才，完善股东与核心成员之间的利益共享机制。

（4）完善公司治理结构，健全有效的长期激励机制。

可见，企业之所以要推进股权激励，并不仅仅是为了授予激励

对象更高的回报，而是为了进一步调动他们的积极性，激发他们的潜在能力，促进企业业绩的提升，给公司和股东带来更持久的价值，实现激励对象、企业和股东三方共赢。

要想对激励对象的价值进行正确评估，可从以下两方面入手：

（1）业绩考评。具体方法是：以结果为导向，对激励对象的价值进行评估，提高说服力。

（2）岗位评估。对企业各岗位的相对价值进行衡量和评估，具体方法是：首先，根据提前确定的评估标准，对评估要素进行赋值；其次，对岗位进行评定和估值；最后，得出各岗位的价值。

2.划分标准的刚性原则

价值评估一般都不太精确，在具体操作过程中，为了对员工进行有效划分，实施股权激励的企业就要确定多个刚性标准。如此，标准的确定必然会涉及员工的切身利益。

在具体实施过程中，很容易遇到一些问题：标准有多个，不太明确，从不同的角度可以做出不同的解释。比如，“认同公司价值观”就是一个必要的但不刚性的标准，无法找到充分的例证，就说明激励对象都认同公司价值观，而其他人员都不认同。

在实践中，有些标准是刚性的，一旦明确，就能清楚地知道能否将某类人群划入激励对象范围。比如，司龄超过3年，离退休返聘人员，不能成为激励对象；公司现有股东，也不能成为激励对象……这些都是刚性标准，没有商量的余地。公司只要设定了明确的职位体系和任职资格体系，就可以将标准确定为“职级多少级及以上人员”。

3.未来人员规划原则

公司推行的股权激励计划通常不是一次性的，在制订本次股权激励计划时，还要考虑当下和未来3~5年的激励计划。

确立激励对象时，要将目光放长远，依据公司的经营发展规划，明确未来3~5年的人员规划；同时，还要为未来人员规划中的新进人员预留出相应的激励股份。比如，未来3~5年公司的营业收入翻一倍，员工增加500人，预计新增激励对象20人，现在就要为这20人提前做好准备，并为这20人预留出必要的激励股份。

同样，《上市公司股权激励管理办法》中也有类似的规定，

比如：

> 上市公司在推出股权激励计划时，可以设置预留权益，预留比例不能超过本次股权激励计划拟授予权益数量的20%。

不过，上市公司比较特殊，要求如下：

> 上市公司应当在股权激励计划经股东大会审议通过后12个月内明确预留权益的授予对象；超过12个月未明确激励对象的，预留权益失效。

而非上市公司的规定却非常灵活，推进股权激励计划时，既能满足长期的人员需求，也能轻松地追加激励对象和激励股份，便于今后再次实施股权激励计划。

## /// 明确股票来源 ///

上市公司和非上市公司在规模、特点等方面都存在明显的差异，因此，在具体实施中，二者存在众多不同。

对全员实施股权激励计划时，企业和激励对象关注的重点问题，一直都是股票来源和购股资金来源。因此，既然要实施全民股权激励计划，就要明确股票来源和购股资金来源。

### 一、上市公司的股票来源

《上市公司股权激励管理办法》规定：

> 拟实行股权激励计划的上市公司，可以根据本公司的实际情况，通过以下方式解决标的的股票来源：(1) 向激励对象发行股份；(2) 回购本公司股份；(3) 法律、行政法规允许的其他方式。

根据《股权激励有关事项备忘录》的规定，上市公司股东不能直接向激励对象赠与或转让股份。股东拟提供股份的，应当先将股份赠与或转让上市公司，并视为上市公司以零价格或特定价格向部分股东定向回购股份。然后，按照经证监会备案无异议的股权激励计划，由上市公司将股份授予激励对象。上市公司对回购股份的授予应该符合《中华人民共和国公司法》(以下简称《公司法》) 第一百四十三条的规定，即必须在一年内将回购股份授予激励对象。

## 二、非上市公司的股票来源

非上市公司的股票来源主要有以下几个方面：

1.公司在募集资本时预留

在成立初期，公司可以预留出部分股份，由大股东或董事会指定一个股东先行代持。

2.原有股东转让

主要有两种方式：

（1）股东单一，大股东转让；

（2）多股东等比转让。

3.增资扩股时按比例预留

预留部分由大股东或董事会指定一个股东先行代持。

4.转增股本时按比例预留

预留股份由大股东或董事会指定一个股东先行代持。

# /// 找到具体的资金来源 ///

全员持股方案的设定，要明确具体的购股资金来源。

## 一、上市公司的购股资金来源

上市公司的购股资金来源主要有以下两个方面：

1.激励对象自己筹集购股资金

如果股权激励模式采用的是股票期权或折价购股型限制性股

票，股权激励的标的就是增量，也是上市公司进行定向增发后取得股权激励标的股票。以此作为资金来源，激励对象必须亲自筹集购股资金，或者有人愿意为激励对象的借款做担保；同时，提取的激励基金不能供激励对象购买限制性股票或行使股票期权。

2.公司提取的激励基金

如果上市公司采用的股权激励模式是折扣购股型限制性股票，股权激励的标的股票就是存量，根据《股权激励有关事项备忘录1》的规定，上市公司只要符合现行法律法规和会计准则，遵守公司章程和相关议事规程，就能提取到激励基金，从二级市场回购本公司股票，对员工进行股权激励。

同时，《公司法》也规定：

> 公司回购的股份总额不能超过自己已经发行股份总额的5%；用于收购的资金，需要从公司的税后利润中支出；收购的股份，要在一年的时间内转让给员工。

## 二、非上市公司的购股资金来源

非上市公司的购股资源来源主要有：

1.公司或股东借款给激励对象，或做担保

在非上市公司中，为了激励对象购买股份，公司或股东可以借款给激励对象，也可以为激励对象做担保。

2.从激励对象的工资或奖金中扣除

如果激励对象不愿出资购股，公司完全可以从员工的工资或奖金中扣除一部分，用来购买股份。当然，采用这种方式实施股权激励计划，首先要征得激励对象的同意，不能肆意而为，否则容易起反作用。

3.由激励对象自筹资金

非上市公司按照注册资本金或每股净资产的优惠折扣，将激励标的的股份授予激励对象，激励对象需要自筹资金购买公司股份。

4.干股分红转行权资金

干股，不用激励对象自己掏钱购买，年底会产生一定的分红收益，完全可以用这部分收益来购买股份。

5.改变行权方式

公司设计股权激励方案时，可以将现金行权改成无现金行权或部分现金行权。

## /// 认购价格的确定 ///

所谓股票认购，是指投资者通过基金管理人及其指定的发售代理机构来认购股票。在这个过程中，要秉承自愿出资、风险共担、利益共享、公开公平的原则。

### 一、股票认购程序

股票认购的具体程序如下：

（1）员工向企业（如组成持股会则向企业工会）提出购股申请；

（2）企业或企业工会对员工持股资格进行审查；

（3）根据员工股份认购方案，确定个人持股额度，并发布公告，将员工持股额度展示出来；

（4）员工缴付购股资金，既可以拿现金支付，也可以将工资基金分配给员工，让员工来购买股份；

（5）企业向员工出具《员工股权证明书》，然后将《员工持股名册》上报上级部门备案。

在上述过程中，员工认购可以分两步走：

第一步，员工按基本股配股比例、工龄和岗位等，先认购自己可以购买的股票；认购结束后，召开股东代表大会。

第二步，选出企业主要领导后，按照选举后的职务再进行职务股的认购。员工购买内部股一年后，可以在企业内部转让。

## 二、认购价的定义及特点

公司现有股东参与购买的上市公司增发股票的固定价格，就是认购价。为了保证自己持有的股票份额在公司所占的比例不变，可以认购这些股票，即保持一定比例的企业所有权。之所以要设置认购价，主要目的是吸引现有股东购买额外的股票，增加股东在公司所持有的股份数量。

（1）认购价可以针对认股权证持有者预购某特定股票的价格。除了发行债券以外，公司还能在不同时间发行认股权证，各持有者之间的认购价自然就会略有不同。和购股权发行一样，认股权证的发行对象通常被限定在当前的认股权证持有者。与股票的第二次发行相比，购股权证和认股权证的发行都是不常见的筹集资金方式，可以在一定程度上暗示出在公开市场里股票需求的不足。发行购股权证，现有股东就能增加投资，长期拥有公司一定比例的所有权。

（2）购股权发行和超额认购特权有关。该特权允许现有股东获得一些购买额外股票的权利，而这些是其他股东不能享有的。只有在许多股东选择不兑现购买额外股份期权的时候，才能行使此项特权。如此，就不用将剩下的股份发行给新的投资者，可以优先提供给对增持股份感兴趣的现有股东。

（3）不管当前所持的股份认购价是多少，对于所有股东来说都一样，且低于目前正股的市场价格。按照当前的市场价格发行股票，或为了吸引购买而打部分折扣，公司就能在短时间内筹集到所需的资金，大力向前推进那些需要提供资金的项目。

（4）购股权发行一般都很快，因为相对于变动的市场价格来说，固定认购价往往更能引起投资者的兴趣。

## /// 存续期和锁定期 ///

### 一、存续期

现金支付流（如债券、抵押贷款）的主要时间特征，要优于到期期限，这里就涉及了“存续期”的概念。

存续期，可以体现债券价格对利率变动的敏感度，投资人还能据此收回自己债券投资的资金。存续期越长，债券价格对利率的变动就越敏感。

存续期与年期是两个完全不同的概念，二者的区别主要体现在：

（1）年期。从一定角度来说，年期能够直接反映债券对利率风险的敏感度，在其他条件都一样的情况下，年期越长，价格对利率的变动就越敏感。只是债券价格对利率风险的敏感度要受到很多因素影响，如年利率、付息的频率、年期等，年期自然不是体现债券对利率风险敏感度的最佳指标。

（2）存续期。所谓存续期，就是指将影响债券价格对利率变动敏感度的因素统统收集起来，然后计算出来一个指标。运用该概念，各种债券和债券组合对利率风险的敏感度也就有了简单易行的衡量标准。股票是没有存续期的。

## 二、锁定期

1.限制期限维度

从限制期限维度来说，锁定期主要包括6个月、12个月、18个月、24个月、36个月以及其他期限。

（1）6个月的锁定期，多为对询价定增的常规股东的限制、通过大宗交易受让后的交割义务，以及对于离职后董监高、核心技术人员所持有股权的转让锁定期；

（2）12个月的锁定期，多用于限制股份公司发起人股东、Pre-IPO中控股股东之外的股东；

（3）18个月的锁定期，多为控制权收购完成后的股权锁定期，并约束锁价定增股东；

（4）24个月的锁定期，为了限制借壳交易中的非控股股东和科创板券商跟投股份；

（5）36个月的锁定期，主要针对的是控股股东、实际控制人、第一大股东、无实际控制人IPO发行人、持有公司股权51%的大股东，以及发行购买注入资产的控股股东。

2.适用主体维度

从适用主体维度来说，主要针对控股股东、有特定身份的人以及其他特定股东；同时，针对突击入股的股份、Pre-IPO原始股和增发股份，也适用于锁定期制度。

3.交易场景维度

从交易场景维度来说，锁定期的规定主要针对IPO首次公开发行、上市公司增发新股、重大资产重组和上市公司收购中。一般规定如下：

（1）《公司法》第一百四十一条规定：

> 发起人持有的本公司股份，自公司成立之日起一年内不得转让。公司公开发行股份前已发行的股份，自公司股票在证券交易所上市交易之日起一年内不得转让。
>
> 公司董事、监事、高级管理者应当向公司申报所持有的本公司的股份及其变动情况，在任职期间每年转让的股份不能超过其所持有本公司股份总数的百分之二十五；所持本公司股份自公司股票上市交易之日起一年内不得转让。上述人员离职后半年内，不得转让其所持有的本公司股份。公司章程可以对公司董事、监事、高级管理者转让其所持有的本公司股份作出其他限制性规定。

（2）《中华人民共和国证券法》第四十四条规定：

> 上市公司、股票在国务院批准的其他全国性证券交易场所交易的公司持有百分之五以上股份的股东、董事、监事、高级管理者，将其持有的该公司的股票或者其他具有股权性质的证券在买入后六个月内卖出，或者在卖出后六个月内又买入，由此所得收益归该公司所有，公司董事会应当收回其所得收益。但是，证券公司因购入包销售后剩余股票而持有百分之五以上股份，以及有国务院证券监督管理机构规定的其他情形的除外。
>
> 前款所称董事、监事、高级管理者、自然人股东持有的股票或者其他具有股权性质的证券，包括其配偶、父母、子女持有的及利用他人账户持有的股票或者其他具有股权性质的证券。

《证券法》第七十五条规定：

> 在上市公司收购中，收购人持有的被收购的上市公司的股票，收购行为完成后的十八个月内不能转让。

# 第六章

# 让全民成为“为你打工的创业者”

## /// 对贡献卓越的人进行激励 ///

企业选择股权激励方案，需要考虑多方面因素，如配股数量、激励对象、分配方式等。其中，选择激励对象是股权激励的首要考虑的因素，如果股权激励计划选择的对象不合适，在员工群体选择中出现了不公正的现象，员工就会感到不满，使正向的股权激励产生负面影响，继而影响公司的正常运营。

因此，对贡献突出者进行股权激励时，要弄清楚以下几个问题：

1.选择哪些历史贡献者进行激励

选择股权激励方案时，并不需要选择所有历史贡献者，主要选择那些做过重大贡献并至今还留在企业的员工。

这类股权激励并不是为了留住人才，而是感谢功勋员工为企业做出的努力。

（1）在选择方向上，可以选择生产、技术、管理、运营等方面的贡献者，因为这些员工在公司开创初期就承担起开发、维持和发展的责任和压力。

（2）多数企业历史贡献者是创始人，对企业发展方向的决定起着决定性作用，会以自身的行动形成公司文化，能从企业发展和企业文化上寻到他们的踪迹。比如，阿里巴巴的十八位联合创始人，从成立之初一直战斗在第一线，公司的每一次重大改革，都能看见他们的影子，作为企业的拓荒者，他们在阿里巴巴上市时拿到了相应的股权。

2.选择哪些对象来进行股权激励

华为总裁任正非先生曾提到过，股权激励的首要对象是那些为企业奋斗一生的历史贡献者，其次是为企业未来奋斗的勇敢者。为什么要给历史贡献者股权激励？任正非说过："不尊重英雄，就不会人才辈出。"在企业创立之初，历史功臣都为开拓企业版图立下了汗马功劳，公司之所以能够发展壮大，离不开他们的努力。在企业遇到危险时，这类员工能够起到稳定军心的作用，俨然公司内部的"定海神针"，有助于企业文化的传承和稳定发展。

3.不同的时期需要制订不同的激励方案

在资本追逐的今天，无论企业选择哪种股权激励方式，都要明确激励对象。这里，首要问题是如何选取激励对象。面对历史贡献者，首先划分出职能与贡献的不同，再根据最终结果，选择激励目标和激励方案。最后，将员工的报酬与公司长期利益捆绑在一起，将员工与企业联系在一起，激发员工的积极性和责任感，培养员工的主人翁精神。

## /// 全员持股的三种方式 ///

全员持股主要有三种方式：限制性股票、期权和虚拟股票。这里做简单介绍。

## 一、限制性股票

股权激励是公司经常使用的一种激励员工积极性的工具。而在公司实施股权激励计划中，运用比较多的就是限制性股票。

所谓限制性股票，就是公司按照提前拟定的条件，授予激励对象一定数量的公司股票，只要激励对象的工作年限或业绩目标符合这些条件，就能出售限制性股票，从中获得利益。常见做法是，公司公开向激励对象授予一定数量的公司股票，同时确定锁定期和解锁期。在锁定期和解锁期内，既不能上市流通，也不能转让；只有达到解锁条件，才能成功解锁。如果没被解锁，失效或作废，公司就要按照提前约定的价格立刻对其进行回购。

2021年3月22日，青岛啤酒股份有限公司（以下简称“青岛啤酒”）发布公告：

> **青岛啤酒股份有限公司第九届董事会2021年第一次临时会议决议公告**
>
> 根据青岛啤酒2019年年度股东大会和2020年第一次A股类别股东会议、2020年第一次H股类别股东会授权，2021年3月22日公司召开“第九届董事会2021年第一次临时会议”审议通过了《关于向激励对象授予预留部分A股限制性股票的议案》，确定2021年3月22日为授予日，以21.18元/股的授予价格向符合条件的35名激励对象授予30万股A股限制性股票。
>
> （该内容引自2021年中国证券报“青岛啤酒股份有限公司第九届董事会2021年第一次临时会议决议公告”，内容有删减）

对限制性股票，要弄清楚以下几个问题：

1.公司在授予日收到的认股款如何处理

公司向员工发行的限制性股票，只要按照有关规定履行了注册登记等增资手续，严格遵循法律法规，就可以确认为股本和股本溢价。同时，根据交易实质，按照公司发行限制性股票的数量及相应的回购价格计算确定金额，将员工预交的认股款确认为一项负债。

2.等待期内员工收到的限制性股票的现金股利如何安排

根据限制性股票激励计划的不同，可以将等待期内员工收到的现金股利分为可撤销的和不可撤销的两种形式。

（1）现金股利可撤销。所谓现金股利可撤销，就是如果没有达到解锁条件，对于回购部分的限制性股票，员工无法获得现金股利，或者还要将自己在等待期内应收（或已收）的现金股利退回去。

（2）现金股利不可撤销。无论是否达到解锁条件，股票持有者都有权利获得自己在等待期内应收（或已收）的现金股利；已经获得的，不能被要求退回。

3.等待期内发放现金股利对每股收益有什么影响

计算每股收益时，现金股利不可撤销，可解锁的股票持有者在未来就有权参与利润分配，因此，只要分母扣除限制性股票，分子就要将属于未来可解锁限制性股票的净利润扣除。

## 二、期权

1.何为期权

期权，是一种合约，源于18世纪后期的美国和欧洲市场。只要手里有期权，持有者就能在特定日期或该日之前，选择任意时间，以固定价格购买或销售一种资产。

从本质上来说，所谓的期权，就是对权利和义务分别定价，使权利的受让人在规定时间内进行交易，行使自己的权利，同时履行必要的业务。交易期权时，掏钱购买期权的一方是买方，是权利的受让人；出售期权的一方是卖方，是必须履行权利的义务人。

对于期权的理解，重点在于以下几点：

（1）期权的标的物。所谓期权的标的物，是指选择购买或出售的资产，主要包括：股票、政府债券、货币、股票指数、商品期货等。期权是由这些标的物引申出来的，但期权出售者不一定拥有标的资产，也不一定确实想购买资产标的物，但可以将期权"卖空"。因此，期权到期后，双方并不是非要进行标的物的实物交割，只要按价差补足价款即可。

（2）期权的到期日。到期日是指双方约定的期权到期的那一天。根据该日期，可以将期权分为两种：一种是欧式期权，即期权只能在到期日执行；另一种是美式期权，即该期权可以在到期日及之前的任何时间执行。

（3）期权的执行。所谓期权的执行，就是依据期权合约购进或售出标的资产。这里还涉及"执行价格"，即在期权合约中约定的、期权持有者购进或售出标的资产的固定价格。

（4）期权是权利。期权合约至少和买家和卖家双方有关，期权持有者享有权利，但无须承担相应的责任和义务。

2.期权的构成要素

期权的构成要素如下：

（1）执行价格，即展约价格。买方行使权利时，提前约定好的标的物的买卖价格，就是执行价格。

（2）权利金。权利金是期权买方支付的期权价格，买方要想得到期权，就要支付给卖方一定的费用。

（3）履约保证金。为了对卖方进行约束，期权卖方必须将一定的保证金存入交易所，为履约的财力做担保。

（4）看涨期权和看跌期权。所谓看涨期权，是指在期权合约有效期内，有权按照执行价格买进一定数量标的物；而看跌期权则是指有权卖出标的物。如果期权买方预期标的物价格超过了执行价格，就要买进看涨期权；相反，就要买进看跌期权。

按照行使方式，可以将期权分为两类：美式期权和欧式期权。二者比较，美式期权在行使时间上具有较大的灵活性。

（5）期权价格。期权价格是由买卖双方竞价产生的，期权价格主要和两个因素有关，即内涵价值和时间价值，具体公式为：

**期权价格 = 内涵价值 + 时间价值**

①内涵价值。所谓内涵价值，就是立即履行合约时可以获取的总利润。具体来说，可以分为实值期权、虚值期权和两平期权，如表6-1所示。

**表6-1　内涵价值分类**

| 内涵价值分类 | 说明 |
|---|---|
| 实值期权 | 看涨期权的执行价格 < 当时的实际价格<br>看跌期权的执行价格 > 当时的实际价格<br>该期权就是实值期权 |
| 虚值期权 | 看涨期权的执行价格 > 当时的实际价格<br>看跌期权的执行价格 < 当时的实际价格<br>该期权就是虚值期权 |

续表

| 内涵价值分类 | 说明 |
|---|---|
| 两平期权 | 看涨期权的执行价格 = 当时的实际价格<br>看跌期权的执行价格 = 当时的实际价格<br>该期权就是两平期权 |

②时间价值。期权距到期日时间越长，越可能发生较大的价格变动，期权买方越可能获得利益。与较短期的期权相比，对于较长时间的期权，期权买方需要支付额度更高的权利金。随着到期日的逐渐临近，期权的时间价值也会日益减少。期权到期日的时间价值，反映了期权交易期间的时间风险和价格波动风险，不管合约是0%履约，还是100%履约，期权的时间价值都是零。

## 三、虚拟股票

虚拟股票，是公司授予激励对象的一种虚拟股票，只要通过努力，实现了公司的业绩目标，激励对象就能享受一定数量的分红和股价升值收益。其缺点是，没有所有权和表决权，不能转让、不能出售，激励对象只要辞职，权利就会自动失效。

持有虚拟股票，就能将自己的长期收益与企业效益联系起来，只要实现了既定目标，公司就会向持有者支付收益，具体支付方式有：现金支付、等值的股票和现金等。

1. 虚拟股权激励的作用

作为股权激励的一种方式，虚拟股权激励既可以看作一种物质激励，也可以看作一种精神激励。

（1）精神激励作用，主要体现在持股者享有公司产权，是公司的股东，减少了道德风险和逆向选择的可能性。同时，激励对象仅限于公司核心成员，体现了企业对这类员工的充分肯定，持股者会产生极大的荣誉感。

（2）物质激励作用，主要体现在持股者可以获得相应的收益分红，可以按比例享受到公司税后的利润分配。

2.虚拟股权激励的优势

（1）虚拟股权激励模式的优点。虚拟股权是一种享有企业分红权的凭证，不具有其他权利，其发放不会对公司的总资本和股本结构造成影响。

虚拟股权具有内在的激励作用。股票持有者会将企业当成家，提高主人翁意识，努力工作，经营管理好企业，提高业绩，使企业获得更多的盈利，同时员工也能取得更多的分红收益。此外，即使股票市场有很多不确定因素，公司股票价格也不会明显下跌，继而减少对持有者收益的影响。

虚拟股权激励模式具有一定的约束作用。持有者要想获得分红收益，首先就要实现业绩目标，由此，在未来的工作中，他们必然会遵守公司规章制度，努力工作，提高工作效率，规范自己的言行。

（2）虚拟股权激励模式的缺点在于：既然能够得到公司分红，持股者很可能减少或不实行企业资本的公积金积累，将自己的注意力都放在企业的短期利益上。另外，采用这种模式，企业给员工进行分红，会面临较大的现金支付压力。因此，现金流量比较充裕的公司可以采用虚拟股权激励模式。

## /// 全员持股计划的实施流程 ///

全员持股计划的实施流程如下：

### 一、方案制订

一般情况下，公司明确了全员持股计划的核心条款，由律师起草员工持股计划的草案。

全员持股计划方案的核心条款主要包括：

（1）人员范围。哪些人有资格参与全员持股计划。

（2）股票来源。二级市场购买，或公司回购的股份，或受让股东股份等。

（3）资金来源。自有、自筹、借款等；是否有资金杠杆。

（4）认购价格的确定。不同的股票来源，认购价格自然不同。

（5）存续期以及锁定期。锁定期至少是12个月，存续期没有硬性规定。

（6）持有者权益的处置。比如，在哪些情形下，持有者的权益不受影响；在哪些情形下，持有者的权益受到影响，怎么处理等事项。

### 二、实施阶段

1.审批程序

全员持股计划方案审批程序如下：

（1）召开代表大会征求员工意见，披露代表大会决议公告。

（2）委员会审议薪酬与考核，形式文件齐备即可。

（3）董事会、监事会审议全员持股计划草案及相关议案，并披露相关公告。

（4）召开股东大会，审议全员持股计划草案及相关议案，然后发布公告。

2.内部宣贯

（1）宣贯方式。对“关键少数人员”进行重点宣讲，比如，各子、分公司办公室主任、各部门领导等；然后由他们向下宣讲，下沉到车间、班组等。发放相关宣讲材料，包括全员持股计划方案主要条款和常见问题解答。

（2）宣贯时间。只要董事会和监事会审议通过全员持股计划草案，就能在公司内部进行宣贯，就全员持股计划的要素及关心的问题进行解答。

3.登记、缴款、签署文件

宣讲结束后，根据公司时间计划安排，留一周或半个月，开展认购缴款、签署相关文件等工作。具体工作包括：

（1）收集意向购买全员持股计划份额人员名单，对全民购买意愿进行整体摸排。

（2）下发《缴款通知书》。

①在该通知书上，不仅要列明缴款时间、收款账号信息和汇款备注，还需强调“汇款必须是本人账户”，如果是全民亲属账号，又没有汇款备注，最后核对认购人员名单时，只能发布“寻人启事”。

②强调认购缴款"以到账时间为准"，逾期到账的，就是认购失败。在具体实践中，忽视了截止日期的重要性，认购这件事就永无止境。

③不要测试收款账户的真实性。为了测试转账是否成功，直接向收款账户转账1分钱，这样会让财务人员产生反感。

④将缴款凭证保存起来并签字。

（3）跟进缴款情况，签署《认购确认书》等认购文件。

（4）登记、跟进、核对人员名单及缴款金额。由各对口负责人汇总和核对，由财务跟进缴款情况，最后由证券部统一再核算一遍，保证数据准确无误。

4.购买股票/回购股份过户

如何购买股票或回购股份过户呢？下面以全员持股计划认购集合信托计划一般级份额为例加以说明。

第一步，公司将全员持股计划资金打款至信托计划专用账户，认购信托计划一般级份额。

第二步，一般级份额资金到账后，优先级根据一般级份额资金进行出资。目前，杠杆比例最多是1∶1。一般级份额资金是1亿元，优先级份额资金就是1亿元，整个信托计划资金总额为2亿元。

第三步，实施购买股票/回购股份过户。

（1）股票来源于二级市场购买的，根据《信托合同》规定，下达购买指令，信托机构买入股票。

（2）股票来源于公司回购股份专用账户的，通过非交易过户或大宗交易方式取得股票。如果采用的是大宗交易方式，就需要确保公司回购账户开通了"大宗交易权限"，信托账户也开通了"大宗交易权限”。如此，才能在约定时间内进行大宗交易操作；如果通过非交易过户方式，则需要按照中国结算公司的相关规定，提交材料，办理非交易过户手续。

第四步，完成购买或过户后，在2个交易日内披露员工持股计划购买或过户完成公告。

## 三、后续管理流程

1.召开第一次股权持有者会议

持有者会议是全员持股计划的内部最高管理权力机构，下设管理委员会，对全员持股计划进行日常管理。

（1）第一次持有者会议审议相关议案。

（2）签署首次持有者会议相关文件，包括会议表决票（如有）、会议决议。决议内容可以参照董事会决议，尽量简明扼要。

2.召开第一次管理委员会会议

持有者大会选举出管理委员会委员后，根据全员持股计划相关规定，选出管理委员会主任，形成管理委员会决议，签字备档。

3.中途退出的相关流程

（1）如果有人正常离职，由本人提出申请，签署《退出申请》，由管理委员会签字备档。如果某位人员给公司造成了损失，被公司辞退，其持股计划份额就可以强制转让，不用签署《退出申请》。

（2）如果有签署份额转让相关文件，一旦有人离职，就可以将其份额转让给其他同事，受让人视同于从一开始就持有份额。

（3）如果由管理委员会代为持有，最后收益或损失则由全体持有者享有或分担。

（4）走完相关手续后，由财务部核算，办理该名员工认购份额的退款事宜。

4.股权的清算和分配

（1）清算。锁定期满后，在存续期满前，就可以选择合适的时机售出全员持股计划，只要避开窗口期即可。

（2）分配。股票全部卖出后，在规定时间内进行清算和分配。

## /// 全员持股计划的持股方式 ///

所谓全员持股，就是让激励对象持有一定数量的公司股票。股票由公司无偿赠与，或补贴激励对象购买，或由激励对象自己出资购买……得到股票（股权）后，激励对象就会拥有公司的部分产权，并获得相应的管理权。

### 一、全员持股计划的持股方式

仅从综合税负来看，全员直接持股确实是最好的方式，但在具体实践中，只有综合考虑其他因素，才能得出最优方案。下面对三种持股方式进行综合分析。

1.全员直接持股

优点：全员直接持股，税负最低。限售股转让税率为20%，如果按照核定征收，税率就是股权转让所得的20%×（1-15%），即17%；如果是长期持股，限售期内分红所得税率为10%、解禁后分红所得税率为5%。在三种持股方式中，全员持股的税率最低。

缺点：企业无法对持股者进行长期约束，从目前国内情况看，公司上市后，只要限售股解禁，持股者就会将其立刻抛售。为了规避一年内转让股份不能超过年初所持股份25%的约束，只要公司成功上市，有些高管就会辞职，半年后将全部股份售出套现。可见，全员持股并不能真正将公司与持股者的长远利益捆绑在一起，优秀人才照样会流失。

2.通过公司间接持股

优点：间接持股更容易将持股者与企业利益捆绑在一起。在上市之前，如果持股者流动，也会对公司的股权结构造成影响，间接持股就能进行有效调整；相对于合伙企业，公司的法律法规更健全，遭遇政策风险的概率较小。

缺点：间接持股税负最高，不参考税收筹划，股权转让税负高达40%，分红税负为20%。只要有人想通过公司转让限售股，所有股东必须同步转让股权。

3.通过合伙企业间接持股

优点：通过合伙企业间接持股，安排起来更灵活，合伙人之间的权利义务关系、收益分配方式等都可以根据合伙协议提前进行约定，具有较强的自主性。不仅能将持股者与企业的利益紧紧捆绑在一起，公司需要股东决策时操作更方便，多数决议只要普通合伙人做出即可；有限合伙企业会按照“先分后缴”的原则，由合伙人直接纳税，可以避免企业所得税和个人所得税的双重纳税（综合税率40%），税负居中。

缺点：通过合伙企业转让限售股，所有合伙人只能同步转让股权；按个体工商户税率交纳个人所得税，边际税率比较高，为

35%；合伙企业的相关法律法规，依然不完善；在具体实践中，关于“先分后缴”、纳税时点等内容，不同地区的解读存在一定差别，未来可能会面临政策规范的风险。

## 二、全员持股计划设计步骤

全员持股计划设计包括六个步骤：确定激励对象，确定持股方式，确定激励股份数量，确定价格、认购方式及收益机制，确定约束条件和确定退出机制等。

1.确定激励对象

确定激励对象分为三个步骤：

（1）初步确定全员持股计划激励的人才范围。

（2）利用公司人才模型，从三个角度对人才进行评估，即员工所处岗位的重要性、员工的能力水平和历史贡献等。

（3）根据公司人才模型，为各维度因素赋予一定权重，计算出各人员的评价得分，得分高于80分的可以树为激励对象，有时候也需要公司高层的进一步综合评议。

2.确定持股方式

全员持股方式主要包括全员直接持股（自然人）、公司制、合伙制及信托等。

通常情况下，高管人员持股采用直接持股方式。考虑到全员持股未来的管理权和表决权集中问题，全员持股一般采用公司制、合伙制或信托持股方式。

（1）公司制的公司法人属性，可以为所有投资人规避无限责任，还会承担较高税负。不过，公司制缺乏灵活性，不便于多项目运作，更不便于持股方案人员的后续进入和退出。

（2）合伙制可以设置有限公司，作为合伙公司的普通合伙人，不仅能规避投资人无限责任，其税负也相对较低。同时，合伙公司可以针对不同项目开展工作，具有一定的灵活性，在合伙人退出方面也有较好的机制。

（3）信托持股可以规避披露风险、机制灵活，但需要实施间接表决权，且其对托管资金规模有较高要求，一般在1亿元以上。

3.确定激励股份数量

由激励股份总量确定业务单位或个人激励股份占比和数量，具体步骤如下：

第一步，由业务单元负责人提供拟激励对象清单，并对拟激励对象职类进行划分，激励主导部门负责根据业务单元情况对不同职类分配权重。

第二步，将拟激励人员按核心人员、重要人员和后备人员进行分类分配权重。

第三步，确定该业务单元营收在公司总体营收中所占的比重。

第四步，对业务单元各项得分进行加总并乘以营收占比得出单元总得分；以该单元总得分占比乘以激励总额，就能得出该业务单元激励数量。公式为：

业务单元激励数量=激励总额×（业务单元总得分/∑全体业务单元总得分）

4.确定激励股权的授予价格、认购方式和收益机制

（1）授予价格。授予价格的定价方式包括：原始股东赠与、股本原始价格和每股净资产。

（2）认购方式。认购方式共有两种：一个是激励对象全额出资认购所持股份；一个是激励对象部分出资认购所持股份，其他部分由公司按银行同期贷款较低利率贷给购股全民，贷款本息在规定期限内从每年股份分红或全民本人工资中直接扣除。

（3）收益机制。原则上，公司每年提取不低于上年度20%可分配利润，作为股东分红。

5.确定约束条件

约束条件又称获益条件，与之有关的元素有：公司整体业绩、激励对象个人绩效考核结果。

公司业绩增长达到一定期望标准，主要考核净资产收益率、净利润增长率及营收增长率等指标。

个人绩效考核达到一定期望标准，个人绩效考核主要以年初签订的目标责任书为准，看重的是考核KPI指标、重点工作和行为态度等内容。

6.确定退出机制

退出机制主要包括以下几项内容，如表6-2所示。

**表6-2 退出机制的内容**

| 内容 | 说明 |
| --- | --- |
| 终止股权激励 | 如果持股人员行为严重违反其雇用条款，或持股计划及管理办法中的相关规定，处于禁售期内的股份都要予以取消，并退回认购资金。如果给公司造成了一定的损失，要依法追究其法律责任，依法做出赔偿 |
| 离职 | 持股人员退休（包括病退）或聘期结束未获续聘的，还处于禁售期的股份，依然有效，按照原计划，在禁售期满后进行实际转让 |

续表

| 内容 | 说明 |
| --- | --- |
| 辞职 | 持股人员在聘期内主动辞职并与公司办理完毕辞职手续的，还处于禁售期的股份，由公司负责薪酬的部门或委员会对离职者作出离职评估，如果条款中没有规定的禁止行为，该股份依然有效；如果存在这种行为，就要将该股份取消，并退回认购资金。如果给公司造成了一定的损失，要依法追究其法律责任，依法对公司做出赔偿；持股人员自动离职不与公司办理辞职手续的，处于禁售期内的股份，视为自动放弃，直接取消，并退回认购资金。如果给公司造成了损失，就要依法追究其法律责任，对公司做出赔偿 |
| 辞退或解聘 | 如果持股人员被公司辞退或解聘，由公司负责薪酬的部门或委员会对离职者作出相应的离职评估，如果没有条款规定的禁止行为，尚在禁售期的认股权利，依然有效。如果存在该类禁止行为，就要取消处于禁售期内的股份，并退回认购资金。如果给公司造成了损失，就要依法追究其法律责任，对公司做出赔偿 |
| 身故或丧失行为能力 | 持股人员任职期间部分或全部丧失行为能力的，其尚在禁售期的股份依然有效，就要根据具体的在职情况，进行保留和存续，由其监护人代为行使该权利；持股人员如果在任职期限内死亡，其尚在禁售期的股份依然有效，给予保留和存续，由其指定继承人代为行使该权利 |
| 正常退出 | 需要股份转让时，参与全员或其指定代理人必须持有《股份认购协议书》《股份权利确认书》《股份转让通知书》、身份证、代理人加持代理委托书、代理人身份证，然后到董事会办公室进行股份转让确认，公司主要股东有优先回购权，优先权依据持股额度顺序降低，回购价格应不低于全员的认购价格 |

# 第七章

# 全员持股的关键点

## /// 股权激励和人员流动是一对矛盾体 ///

股权激励的目的之一，就是将员工和企业的利益进行强联结，而要想实现这种联结，需要员工持续地为公司工作，将人员的流动性降为零，即降低人员的主动离职率。所以，股权激励和人员流动存在一定的矛盾性。

如果企业人员流动性太大，采取全员持股的方式，企业必然要投入大量的精力去处理人员流出后的股权、期权、收益权、虚拟股权等权利事宜。可见，如果某个企业或岗位的人员流动性过大，就不适合进行股权激励，更不适合进行全员持股。而且，一旦实施全员持股，股权激励就会变成一种普惠性福利，激励的效用就会大幅降低。

所以，企业在实施全员持股时，要充分考虑人员流动性的问题，比如，公司所在行业的平均人员流动率是多少？本公司现有的人员流动率是多少？公司期望或认为较为合理的人员流动率是多少？公司期望或认为较为合理的不同层级的岗位各自的人员流动率是多少？

不同行业和企业人员流动的特点明显不同。有些行业或某些发展阶段的企业需要锁死人员流动性，甚至需要对公司企业文化和架构进行调整；但有些行业和企业是无法也没有必要锁死人员流动性的。

需要说明的是，即使像华为这样采取所谓“全员持股”的公司，也不会对所有员工都想当然地配售虚拟股权，在授予和行权时，仍然需要匹配相应的资格和条件。

## /// 公司上市前要清理员工持股平台 ///

“全员持股”的企业需要面对的另一个问题是公司上市前员工持股的处理。

技术类公司通常以追求证券市场上市为目标，投资人的投资初衷也是希望公司上市后退出获得利益。但目前国内证券市场上市规则中，对发起人的人数和股份的确定性有明确要求。

就发起人人数来说，目前，除了科创板会对通过有限合伙平台持股且确定只进行合伙内部转让的部分股份不进行穿透计算（即分析股权构成、对股权进行优化）外，其他板块的上市规则都要求对股权进行穿透计算。如此，员工持股必然会挤占发起人的人数。

就股份确定性来说，各上市规则对上市公司股份都有确定性要求，通常来说，“隐名持股、虚拟持股、工会股、信托基金持股”等股份内容不完整、不确定，都不符合上市规则要求，都需要及时清理。

对上市前员工持股平台的清理和补偿，如果公司没有预留相应的处置条款，在后期处置中，可能会付出较高成本。但即使公司预留了合法有效的处置路径，一旦公司成功上市，也无法完全避免员工后期对处置和收益的不满，进而产生诉讼。

## /// 员工要求支付收益会增加公司的资金压力 ///

目前，全员持股方式主要有两种：限合伙份额方式和虚拟股权方式。其中，虚拟股权设置比较方便（协议方式），无须外部工商具名登记，不享有表决权，不会影响公司决策，退出简单，被很多企业采用。

虚拟股权的激励对象实际并不享有股权，尤其不享有表决权。从本质上来说，虚拟股权就是通过协议约定，依托于公司原股东股权的一种收益权，主要包括分红和股权的增值收益（含转让收益）。

在这类激励中，员工关注的重点是收益的结算和支付。如果公司用类似虚拟股权的方式进行全员持股，那么每个财务期间都要预留部分资金，以便支付收益，如此就会占用公司的流动性。

如果公司经营遇到困难或出现问题，也会出现员工扎堆要求公司结算支付收益的情况，这样会增加公司的资金压力。企业通过虚拟股权方式进行普遍的全员持股，则会放大这种资金压力。

可见，虚拟股权对公司的流动性和经营预期都是有一定要求的。

## /// 预订好收益披露的方式和途径 ///

股权激励可以将员工和企业的收益联结在一起，不管采取哪种股权激励，不论采取什么方式和思路，最终都要立足于收益。但就股权激励的收益来说，收益来源于公司；评价、计算和确认收益的基础资料，即财务资料和财务信息也来源于公司。

激励对象通常不掌握任何财务资料，公司要想对收益进行分配，就需要确认收益，向激励对象披露财务资料。那么，这些财务资料能否被披露呢？

如今，中国的很多公司在财务上都不规范，任何形式的披露财务资料都会带来巨大风险。但如果公司不披露收益和财务信息，公司的股权激励就会失去内部公信力，也会与员工产生巨大争议。就这个问题来说，一味地不披露是最简单粗暴的防范方式。但是，一旦面对员工的诉讼、面对司法审计，就行不通了。

由此，在股权激励文件中，不仅要明确收益披露的方式、途径和尺度，还要约定用于计算和确认激励对象收入的相关财务数据的来源，并设置专门的激励持股平台，做好财务上的隔离。

## /// 选择合适的平台，持股效果最好 ///

大量事实告诉我们，并不是选择合适的平台，就能提高持股效果。

从企业角度来说，还应该从应对“人员流动性、上市、现金流、财务透明度”以及“表决权”五个问题的便利程度，对最常用的有限合伙和虚股权进行简单比较。

（1）从上市角度来说，虚拟股权不被允许，需要被清理，因此有限合伙方式明显优于虚拟股权。如果公司有上市需求，一定要采取虚拟股权的方式进行激励，提前设置相应的回购和转换条款，在上市前做好清理工作。

（2）从人员流动性角度来说，虚拟股权并不是真实的股权，是通过协议方式授予和解除，不具有外部效力；而有限合伙的进入和退出都需要遵循一定的法律程序。因此，虚拟股权要优于有限合伙。

（3）从表决权层面来说，虚拟股权不享有表决权，有限合伙份额通常也不享有表决权，但有限合伙人享有的权利依然多于虚拟股权持有者。在这方面，虚拟股权稍优于有限合伙。

（4）从财务透明度的角度来说，如果专门建立了激励平台进行财务隔断，这两种方式相差无几。

（5）从现金流角度来说，虚拟股权对现金流的要求远高于有限合伙。

# 第八章

# 全员持股容易走入的危机和误区

## /// 股票期权计划并不适用于所有行业 ///

期权，是交易双方就未来买卖权利达成的一种合约。就个股期权来说，期权的买方只要向卖方支付一定的费用，就能得到一种权利，就有权在约定的时间、以约定的价格向卖方买入股票。当然，买方也可以主动放弃行使这种权利，但只要买方决定行使权利，卖方就需要积极配合，因为这是他的义务。

股票期权，是指买方只要支付了期权费，就有权在合约规定的到期日按协议价买入或卖出股票。股票期权是一种长期激励，可以对员工进行有效激励。

我们可以从不同的角度对股票期权进行相应的分类，如表8-1所示。

**表 8-1　股票期权分类**

| 分类角度 | 类别 | 说明 |
| --- | --- | --- |
| 交易方向 | 认购期权 | 在约定时间，以约定价格，期权买方从期权卖方手中买入约定数量的标的资产的权利，即“买权” |
| | 认沽期权 | 在约定时间，以事先约定的价格，买方有权向卖方卖出约定数量的标的资产，即“卖权” |
| 行权时限 | 欧式期权 | 期权买方只能在到期日当天行使自己的权利。简单理解就是，你在网络上买了一张 2021 年 8 月 1 日的音乐会门票，但只能在音乐会举办当天使用，其他时间都不能用 |

续表

| 分类角度 | 类别 | 说明 |
| --- | --- | --- |
| 行权时限 | 美式期权 | 买方可以在到期日前的任一交易日或到期日行使自己的权利。简单理解就是，你手里有一张购物券，2021 年 12 月 31 日到期，到期前的任意时间都能使用 |
| 交易场所 | 场内期权 | 在交易所挂牌上市的标准化期权合约，就是场内期权 |
| | 场外期权 | 在场外市场进行交易的期权合约，就是场外期权 |
| 行权价与标的价格关系 | 实值期权 | 行权价低于标的价格的认购期权（或行权价高于标的价格的认沽期权），就是实值期权 |
| | 平值期权 | 行权价等于标的价格的认购期权和认沽期权，就是平值期权 |
| | 虚值期权 | 行权价高于标的价格的认购期权（或行权价低于标的价格的认沽期权），就是虚值期权 |

股票期权并不适用于每个企业。一般来讲，实行股票期权的企业必须具备以下三个条件：

（1）企业处于竞争性行业。如果企业所处的行业竞争不激烈，经营者不用付出太多，只要利用自己的垄断地位，提高价格或减少供给量，就能较容易地持续赢得高额利润。如果企业所处行业竞争激烈，就有必要进行期权激励。因为市场是不断变化的，为了生存下来，企业只有打破固有的思维模式，主动破旧立新。采用期权激励方案，就能激励员工锐意进取、主动创新，提高公司竞争力，使公司更具优势。

（2）企业的成长性较好，具有发展潜力。企业有较好的成长性，市场通常都尚未开发或没有达到饱和，企业有充足的物质资本和人力资源开拓业务。在这种条件下，只要企业有效地激励员工，就能创造出良好的业绩，实现经营者价值和股东价值的双赢。

（3）企业产权清晰，内部权责明确。要想实施期权激励，首先就要建立完善的现代企业制度，拥有健全的法人治理结构，使董事会和经理层形成委托代理关系。产权不清晰，就无法确定股权；对员工进行太多的干预，股票期权计划只能走向失效。

目前，已经实施股权激励方案的企业主要分布在医药、家电、造纸、化工、电子、通信、高科技等行业。这些行业都竞争充分、成长性良好，如果企业成长比较稳定、市场行情波动剧烈，就不适合采用这种激励方法。

## /// 推行股权激励不一定能完善公司治理结构 ///

股权激励制度是企业继管理制度、分配制度和企业文化制度后的一次重要制度创新，不管企业的形态和资本结构如何，无论是否已经上市，建立和实施股权激励机制都是必需和必要的。

### 一、实施股权激励的重要作用

实施股权激励主要有以下几个作用：

1.打造利益共同体

通常而言，企业经营者与员工之间的利益并不完全一致，经营者往往更看重企业的长远发展和投资收益，员工受雇于企业，往往更在意自己的工作业绩和个人收益。二者的价值取向不同，在企业运营管理中行为方式也就不同，为了维护自己的利益，有些员工很可能会损害企业整体利益。

实施股权激励，就能使优秀的管理者和技术人员成为企业股东，将个人利益与公司利益捆绑在一起，当大家都朝着一个目标努力奋斗时，矛盾自然就能被有效弱化，更有利于打造和谐的企业利益共同体。

2.对员工进行业绩激励

实施股权激励后，优秀的管理者和技术人员会变成公司股东，将来有权分享企业利润。企业会根据他们的工作情况和业绩进行奖励或惩罚，能够极大地提高优秀人才的积极性、主动性和创造性。

员工成为公司股东，和公司共同分享利益，就能不断挖掘自己的潜力，将个人能力充分发挥出来。如此，企业就可以放心且大胆地进行技术创新和管理创新，就能采用各种新技术降低成本，提高经营业绩和核心竞争力。

3.约束经管者的短视行为

传统的激励方式，如年度奖金等，对优秀管理者的考核主要集中在短期财务数据，无法将长期投资收益反映出来，多半都会影响长期投资者的收益，决策者也会做出更多的短期行为，对企业长期稳定发展造成负面影响。引入股权激励机制后，对公司业绩的考核需要重点关注两个指标：一个是本年度的财务数据，另一个是公司的未来价值创造能力。

与之相反，股权激励是一种长期激励机制，能让优秀管理者在任期内得到奖励。更重要的是，有些奖励是在管理者卸任后延期实现的，为了得到这笔延期收入，他们不仅尽心竭力地在任期内提高业绩，还会关注企业的长远发展，进一步弱化自己的短期化行为，齐心协力，提高企业创造价值的能力和竞争力。

4.留住人才，吸引人才

公司实施股权激励计划，不仅可以让优秀管理者长期为公司效力，还能吸引优秀的技术人才。

概括起来，股权激励计划的制订和实施，可以对优秀人员造成两方面影响：一方面，持股者可以分享到企业成长所带来的收益，增强对企业的归属感和认同感，工作起来更积极，工作也更具有创造性；另一方面，持股者辞职或做出不利于企业的行为时，这部分收益就会失去，如此就提高了员工辞职或“犯错误”的成本。

股权激励机制面对的不仅是公司现有员工，还为新员工的引入预留了同样的激励条件，可以给新员工带来超强的利益预期，吸引他们加入公司，为公司贡献自己的力量，由此聚集大批优秀人才。

## 二、完善的公司治理结构是企业推行股权激励的前提条件

如果公司治理结构不完善，看到某企业从股权激励中受益，盲目实施股权激励方案，很容易引发企业生存危机。

完善的公司治理结构通常包括两个层面的意思：

1.完善的组织形式

公司的法人治理结构通常包括：股东大会、董事会、监事会、经理层、员工大会等，但更重要的还是形式上的完善，需要将各要

素通过合约关系联结起来，大家各就各位，互相制衡，具体来说，就是股东大会选举出董事会，董事会让公司高管尽心竭力，使股东得到更多的投资回报。

2.建立约束机制

企业管理者除了追求知识、才能、社会地位等自身人力资本的增值外，还渴求人力资本报酬的最大化。因此，公司不仅要为他们建立一套效果显著的激励机制，还要建立与之匹配的约束机制，约束他们的言行。

2001年，安然公司之所以会引发破产案，就是因为公司的治理结构只有一种形式，缺少实质内容。

从形式上看，安然公司虽然具有治理结构中需要的所有要素，但各要素之间并没有形成很好的制衡作用。公司不仅要给董事会成员每人支付7.9万美元的服务费，还与很多成员存在其他利益关系。比如，有些董事创立了自己的公司，与安然进行关联交易，董事会的地位和作用被大幅弱化，企业CEO和职业经理人的权力则被无限放大，公司最终变成了高级管理者争名夺利的逐利场。

例如，管理者完成一笔交易，安然公司并不会按照项目给公司带来的实际收入进行奖罚，而是按预测的业绩进行奖惩。如此，管理者完全可以在项目计划上大做文章，让它看上去有利可图，结果却将收益装入自己的腰包，数据显示，仅2000年董事长肯尼斯·莱就收入1亿多美元。

## /// 全员股权需要付出一定的资金 ///

小米披露上市后第一份财报后，“小米经营利润巨亏76亿，全因给雷军发了99亿股权激励”等标题党迅速占据各大媒体头条，将雷军和小米推向了风口浪尖。

互联网公司上市前，很多企业会给创始人股权奖励，之所以会引发舆论，焦点就在于此次授予的激励成本计入，直接导致了第二季度经营利润的亏损。

那么，激励成本为什么会产生这么大影响呢？激励成本对于公司来说又意味着什么呢？首先，我们来看“成本”。

### 一、全员股权中的成本

如今只要提到股权激励成本，很多企业老板都会点头说“知道”，可是多数时候依然分不清。因为就广义而言，股权激励成本完全可以从“个人”和“公司”两个视角来理解。

从个人角度来看，就是员工为了获得激励股权需要支付的资金成本，比如入股价格或行权价格。

从公司角度来看，就是公司授予股权激励所要支付且体现在报表中的财务成本，也称“股份支付”。

设计股权激励机制时谈到的“成本”，通常指公司成本，也是本书在这里要讨论的内容。

这里有个问题：“员工个人付出成本，公司为什么会有成本发生？”简单来说，这是由会计准则规定的。就像公司为员工付出的工资和奖金是一种成本，授予股权激励也是一种带有奖励属性的薪酬成本。除了员工以不低于公司股权公允价值出资购买公司股权的情况，采用折价出资入股、股票期权、限制性股票、股权奖励等激励模式外，公司都需要承担一定的激励成本。而个人成本虽然对公司成本是否发生起着决定作用，但依然会影响公司成本的多少。

那么，如何计算成本呢？无论使用哪种激励工具，成本的计算逻辑都可以这样理解：在授予时点，依据激励工具本身的公允价值衡量出资入股，具体公式为：

成本＝员工入股价格－公司股权公允价值

这里又分为两种情况，如表8-2所示。

**表8-2 不同激励工具的成本计算**

| 情况 | 说明 |
| --- | --- |
| 限制性股票／股权奖励 | 非上市公司和境外上市公司，员工个人一般都没有成本，所谓的成本就是公司股权的公允价值。A股上市公司授予限制性股票需要出资（类似折价入股），成本就是授予价格与公司股价的差价 |
| 股票期权 | 成本，就是期权这种“权利”本身的公允价值 |

## 二、期权成本的复杂性

期权定价具有一定的复杂性和高难度，在股权激励设计环节，绝对是一种技术担当。期权定价需要采用国际通用的期权定价模型，主要包括布莱克舒尔斯模型（Black-Scholes）、二叉树模型（Binomial）、蒙特卡洛法（Monte-Carlo）。这些模型的公式都异常复杂，这里不具体展开叙述。

在具体实操中，公司可以借助专业机构来完成估值，但需要提前了解模型所需的参数，以及参数变化对估值结果的影响。以最常使用的布莱克舒尔斯模型为例，主要包括如下6个参数：

（1）估价。授予时点公司股权的公允价值。

（2）行权价。授予期权的行权价格。

（3）预期期限。行权期限预期，取决于期权的生效安排和行权有效期。

（4）波动率。公司自身或选取同行业、同资本市场对标公司的股价在对应预期期限的历史波动率。

（5）无风险利率。公司所在资本市场对应预期期限的国债利率。

（6）预期分红率。公司股权的预期分红率。

在这6个参数中，在设计关键点且对估值结果影响最大的参数就是行权价。总的来说，期权的行权价越低，期权成本越高。如果行权价等于股价，成本大约是股价的1/3；当行权价等于0时，成本基本上等同于股价。

从本质上来说，期权成本是一种员工未来通过期权获得收益折现到当前的“预期价值”。因此，如果行权价等于当前股价，期权成本反映的全部是“预期价值”；当行权价低于当前股价，员工当期就能获得部分“内在价值”，即行权价与股价的差价，期权成本中综合反映了“内在价值”和“预期价值”两部分价值。

关于这方面内容，可以通过以下两个问题进行解读：

问题1：成本如何摊销？

股权激励总成本一般都是在授予时点确定，但可以在后续年份进行摊销。具体的摊销年份完全取决于具体权益是一次性取得还是分批取得，摊销方式取决于公司所在地的会计准则要求。

出资入股和股权奖励，一般都是一次性取得，成本通常全部计入当期损益，这也是雷布斯一次性获得99亿股权奖励会一次性影响第二季度损益的原因。而期权和限制性股票通常会在一定周期内生效，给予员工，因此，股权激励成本可以在其等待生效或归属的年度内进行摊销。

问题2：如何看待成本的影响？

股份支付成本会降低公司利润。公司处于不同发展阶段、不同行业和不同资本市场，股权激励成本对于公司利润的影响程度和方式也会有所差别。

（1）创业公司。初创企业早期估值一般都比较低，盈利性通常不是业务发展的核心目标。股权激励成本对于损益的影响相对可控，在设定激励额度和定价方面等有较大的施展空间。

（2）处于快速成长期的企业。已经获得一定发展的企业，要根据行业特点和业务发展目标，对激励成本的影响力做出判断。比如，“互联网+”传统业务企业如果已经开始设定中长期盈利目标，就要开始关注激励成本的影响，并在股权激励额度/或定价上做出适当调整。

（3）计划在境内上市或已经在境内上市的公司。证券监管机构一般对这类公司都有明确的净利润要求，需要严格控制激励力度。比如，一次性授予较大额度或采用极低价格，即使激励成本被摊销到上市前后特定年份，也不会导致当年利润下滑甚至亏损，达到监管要求。

（4）计划在境外上市或已经在境外上市的公司。这类公司的监管环境一般都比较宽松，成本控制的压力相对较小，比如，没有硬性的盈利要求；除了基于会计准则计量口径的利润，在财报中可以额外提供给投资者非会计准则计量口径的利润作为参考，还可以剔除包括股权激励成本在内的非经营类成本，更真实地反映公司的经营表现。

综上所述，股权激励成本没有绝对高低的衡量标准，从本质上来说，是在满足既定利润目标的基础上，对于剩余价值，在员工和股东之间进行权衡与分配。公司要根据自己的实际情况，判断成本对当下和未来的影响。当然，要量力而行，既不要过于严格控制成本，否则会使激励不到位；也不要低估成本对盈利性的影响。

## /// 股权的考核标准并不是越高越好 ///

对股权激励有一定了解的人都知道，企业在设计期权类型的股权激励计划时通常都会确定一个等待期，比如，被激励的员工要想行使期权，需要在授予日起满2年且实现一定业绩目标。之所以规定等待期，主要是为了防止员工签订股权激励计划协议后，不思进取、消极怠工。

那么，如何才能知道哪些员工值得激励、哪些员工不值得激励呢？只要制定适合企业实际情况的考核标准即可。

总的来说，股权激励计划的考核标准一般由两部分组成：一是业绩考核，包括公司业绩、部门业绩和个人业绩；二是非业绩考核，比如，员工不能擅自离职、不能兼职、不能泄露商业秘密等。

其中，制定非业绩考核标准时，可以对所有员工使用同一套标准；而制定业绩考核标准时，制定者往往会参考以下三个方法：

1.平衡计分卡考核法

所谓平衡计分卡，就是从财务、客户、内部运营、学习与成长四个维度出发，量化员工需要实现的业绩；同时，将实际实现的程度记录下来，根据既定目标和实际结果之间的差距，对员工进行评分。

平衡计分卡考核法的具体操作流程如下：

（1）明确公司远景。为了明确公司远景，就要多方收集和企业有关的信息资料，然后再运用SWOT分析、目标市场价值定位分析等方法对企业环境和现状进行分析，最后再确立公司远景。

（2）就企业远景达成共识。明确公司远景后，要直接告诉员工：企业的远景是什么？让员工对企业远景达成共识。

（3）确定量化考核指标。根据企业的战略，从财务、客户、内部运营、学习发展四个方面，确定具体的、可量化的业绩考核指标。

（4）做好沟通和交流。利用多种信息传输的渠道和手段，如刊物、宣传栏、电视、广播、标语、会议等，将企业远景规划传达给全体员工。同时，将绩效目标及具体的衡量指标逐级落实到各级组织，直至基层的每个员工。

（5）确定绩效目标值。不仅要确定年、季、月业绩衡量指标的具体数字，还要与公司的计划和预算结合起来，将年度员工的浮动薪酬与绩效目标值的完成程度相联结，确定绩效奖惩机制。

（6）实施绩效考核。为了切实保障该考核方法的顺利实施，要不断强化各管理部门的基础工作，比如完善人力资源信息系统、促进员工的和谐相处、为员工提供培训与发展的机会等。

（7）绩效考核指标的调整。考核结束后，要在规定的时间内将绩效考核结果汇报给企业各个部门，然后主动听取员工意见，通过评估与反馈分析，对相关考核指标做出适当调整，完善绩效考核指标。

2.关键绩效指标考核法

关键绩效指标的确定标准是：以企业战略目标为导向，根据部门职责分工，将员工考核拆分为多项具体小指标，且每个指标都要具备“SMART”特质，即具体（Special）、可度量（Measurable）、可实现（Attainable）、有相关性（Relevant）、有时限（Time-based）。例如，对于销售部门，可以设置销售量、市场份额等小指标。

（1）具体。绩效指标要切中特定的工作目标，不能囫囵吞枣，不仅要适当细化，还要随着情景的具体变化而发生变化。

（2）可度量。绩效指标可以是数量化的，也可以是行为化的，绩效指标的数据或信息还是可以得到的。

（3）可实现。经过大家的一致努力，可以实现绩效指标。

（4）有相关性。绩效指标是真实存在的，可以通过证明或观察得到，并不是一种假设。

（5）有时限。在绩效指标中，要使用一定的时间单位，即设定完成这些绩效指标的期限，提高效率。

该方法主要针对不同部门制订不同的指标，该指标通常由管理者和员工协商制订。其将公司业绩直接拆分到部门业绩和个人业绩中进行考核，是许多股权激励计划常用的业绩考核方法。

3.360° 考核法

360° 考核法与BSC、KPI完全不同，依据考核主体的不同，可以从五个角度对员工进行评估：①自我评估；②客户评估；③上级评估；④下级评估；⑤同级评估。

360° 考核法打破了上级考核下级的传统模式，不仅可以避免个人偏见，还能提高其他员工的参与感，是一种全面、完整的考核方法。但是，如果参与考核的人太多，也会提高考核成本，甚至在员工中引起内讧。

以上就是股权激励计划中常用的三种业绩考核方法，既可以单独使用，也可以同时使用。

整个股权激励方案设计中的难点是如何制订对管理者的考核标准。合理的考核指标能够激励管理者努力经营，但又不会被考核者认为遥不可及而放弃努力。

## /// 要关注资本市场的有效性 ///

什么是资本市场的有效性？

百度百科是这样定义的：

> 所谓资本市场的有效性，就是市场根据新信息快速调整证券价格的能力。如果市场是有效的，证券的价格就能对最新出现的信息做出快速反应，将价格迅速调整到位；反之，如果市场是无效的，那么证券的价格就不会对新信息做出反应。

在现实经济生活中，能够完全满足有效资本市场条件的情况几乎不存在。

根据条件被满足程度的不同，可以把资本市场的有效性划分为三个不同的层次，即强式有效市场、半强式有效市场和弱式有效市场，如表8-3所示。

**表 8-3 资本市场有效性的层次划分**

| 层次 | 说明 |
| --- | --- |
| 强式有效市场 | 所谓有效资本市场，是指信息广泛传播，所有 AFP（金融理财师）理财投资者都能容易得到，所有信息都已经体现在证券的价格中。AFP 理财投资者，既不能利用公开发表的信息，也不能利用内幕信息来为自己牟取超额利润。在强式有效市场上，一旦出现资本产品的信息，就会被立刻公开；而只要一公开，就会被及时处理；只要经过处理，就能在市场上得到反馈 |
| 半强式有效市场 | 所谓半强式有效市场，是指证券价格不仅能完全反映所有的历史信息，还能完全反映所有公开发表的信息。在半强式有效市场中，各种信息只要被公布出来，证券价格就能立刻调整到原有的水平上。如此，就无法利用这些公开信息对证券价格的未来走势做出有效预测 |
| 弱式有效市场 | 所谓弱式有效市场，就是在股票价格中包含过去记录中的全部信息，证券价格的未来走向与其历史变化之间是相互独立的，AFP 理财投资者并不能依靠证券价格的变化规律来获取超额利润。在这一市场上，不仅会损坏信息从产生到被公开的有效性，即存在“内幕信息”，还会对 AFP 理财投资者对信息进行价值判断的有效性造成负面影响 |

有效资本市场理论告诉我们：市场没有记忆力，市场价格值得我们信赖，市场是真实存在的；股票价格中包含巨大的信息量，完全可以将股票指数作为市场状况的主要指数。

资本市场的有效性，是股权激励计划能否有效实施的前提。在一个有效市场中，股票价格基本上都能将经营者接手企业时的企业价值直接体现出来，股价几乎不会在短时间内出现大幅上涨。企业高管在制定行权价和行权时，通常不能通过内部消息来操纵股价，即使偶然能够控制，股票期权的行使也是分批进行的，只要市场有效，股价最终也能将企业价值真实地反映出来，企业高管并不能每次都对股价获得利益进行操纵。因此，企业高层管理者必须努力工作，不能贪得无厌地修改利润，更不能用虚假信息欺骗股东。

在一个扭曲的市场，投资者一般不太看重企业的价值增长和未来分红能力，而是总想在二级市场快速炒作一把，然后快速撤离。股价无法正确反映公司价值，自然也就无法用股价来衡量经营者的业绩，股票期权方案必然会失灵。

## /// 股权代持的法律风险 ///

股权代持又称委托持股、隐名投资或假名出资。隐名股东一般不会记载在工商登记、股东名册等，他人也就无法知道股权的真实情况，由显名股东对外行使权利或承担责任。因此，隐名股东或显名股东就可能产生法律风险。

之所以会出现股权代持现象，总结起来不外乎以下三大类原因，如表8-4所示。

表 8-4　股权代持现象的原因

| 原因 | 说明 |
| --- | --- |
| 实际出资人的“个人需要” | 比如，保护个人信息安全，不想将自己的财富广而告之；为了满足竞业禁止的需要 |
| 方便商业运营 | 比如，实际出资人不符合商业合作要求，需要他人代为持股 |
| 为了规避法律限制 | 比如，法律对投资领域、外商投资批准、投资比例、股东人数、股东公务人员身份的限制等 |

股权代持的法律风险主要体现在以下几点：

1.实际出资人（隐名股东）可能存在的法律风险

实际出资人（隐名股东）可能存在的法律风险主要包括以下几个方面：

（1）名义股东恶意损害实际出资人的权益。在股份代持之前，只要名义股东肆意质押股份或转让股份，实际出资人就无法对股份代持协议进行全面控制。同时，在资产分配、行使股份表决权、取得股利等方面，如果名义股东恶意违背实际出资人的本意，也会危害到实际出资人的利益。

（2）实际出资人的股权受到损失。名义股东一旦遇到法律纠纷，名下的代持股权就会被依法执行或动机保全；如果名义股东存在拖欠债务的问题，实际出资人的股权就会被拍卖或查封。

（3）股份代持协议没有效果。如果实际出资人和名义股东签订的股份代持协议不符合《中华人民共和国合同法》第五十二条规定，就是无效的，实际出资人就不能借用名义股东来参与公司运营。

（4）实际出资人的身份无法转正。实际出资人得不到公司半数以上股东的认可，身份就不能被认可，要想转正，难上加难。

2.显名股东面临的法律风险

显名股东面临的法律风险主要有：

（1）显名股东失信，被限制高消费。《关于限制被执行人高消费及有关消费的若干规定》规定：

> 如果被执行人是单位，被采取限制消费措施后，被执行人及其法定代表人、主要负责人、影响债务履行的直接责任人员和实际控制人，也可能被采取限制消费措施。

《关于公布失信被执行人名单信息的若干规定》规定：

> 法定代表人或负责人，会被记载和公布在失信被执行人名单信息中。在显名股东担任公司法定代表人或主要负责人的情况下，一旦公司负债被法院强制执行，显名股东也可能被作为失信人员，限制高消费。

（2）隐名股东让显名股东从事违法行为，会构成犯罪。在公司经营活动中，有些隐名股东会让显名股东从事违法违纪行为，如果显名股东法律意识淡薄，一旦涉及公司犯罪，不仅会给企业造成损失，还会影响公司声誉，更可能给直接责任人和其他责任人带来刑事责任的危害，如逃税罪、销售伪劣产品罪、假冒注册商标权罪等。一句话，如果显名股东的法律意识淡薄，稍不留意，就会被引入歧途。

（3）隐名股东出资不实或虚假出资，显名股东要承担责任。显名股东只是名义股东，出资义务由隐名股东负责。隐名股东不按公司章程的约定履行出资义务，出资不实、虚假出资，就会给显名股东带来负面影响，显名股东需要承担相应的法律责任。

# 下 篇

# 全员持股，各行业总动员

# 第九章

# 不同行业的持股策略

## /// 家电行业的股权激励 ///

在设计和实施股权激励方案过程中，家电行业的企业最大限度地发挥其在满足员工更高需求层次方面的作用，针对不同类型的激励对象，制订了不同的激励方案。在这方面，美的公司是成功的典范。

美的独创了一套独特的分层级股权激励模式，通过多元多期的股权激励计划，不仅搭建了经营管理者、核心骨干与全体股东利益一致的股权架构，还建立了长、短期激励与约束相统一的激励机制。

2013年9月，美的通过换股吸收合并方式在深圳证券交易所上市，之后便制订了股票期权、全球合伙人、限制性股票、事业合伙人等激励方式。从2013年至2018年年底，共实施了五期股票期权激励计划、四期全球合伙人持股计划、两期限制性股票激励计划和一期事业合伙人持股计划。美的在股权激励的道路上走出了自己的文化和体制。

近两年，家电行业整体发展不景气，美的依然保持了业绩的高增长。美的成功上市后，更大力推进了全方位的股权激励计划，对企业重点方面进行股权激励，极大地推动了美的的发展模式，保持了良好的收入增长和利润增长。

1. 针对核心高管层级的合伙人计划

一直以来，美的都以“大胆激励”闻名，自1997年实施事业部制、聘用管理者以来，就对经理采取了利益共享的激励模式，但主要以现金激励为主，在没有整体上市前，还通过上市平台“美的电器”进行过一些股权激励，但激励范围狭窄、力度不大，“基本年薪+业绩奖金”的薪酬结构比较单一，缺乏长期激励。

面对不断变动的市场，美的没有直接提高核心管理团队的薪酬，而是采用合伙人计划激励高层。截至2018年年底，美的共推出四期核心管理团队持股计划，即合伙人计划。

2. 针对核心中高层人员的限制性股票

为了鼓励中高层管理者，2017年3月，美的第一次推出了限制性股票激励计划，股票来源于公司向激励对象定向发行的新股，资金由员工自筹。

该股权激励方案比较规范，是全方位激励模式的有效补充，激励的主要对象是中高层管理者。激励对象可以用市价的半价购买限制性股票，每年都能看到收益的激励力度和形式，虽然稳定性不太高，但依然促进了公司短中期业绩的提高，完善了企业股权激励体系。截至2018年年底，一共推出两期限制性股票激励计划。

3. 针对核心骨干的股票期权激励

为了对核心骨干进行激励，从2014年开始，美的每年都会推出一期股票期权激励方案，制订股票期权激励计划，侧重于研发部门、制造部门、质量部门等科技人员，实施时间最长，普惠性更强。

（1）激励人员。伴随美的战略转型的主轴，激励对象侧重于研发、品质、制造、IT等骨干人员。

（2）考核指标。从2015年起，期权激励计划考核指标发生了明显的变化。考核指标从公司、个人等二层结构变为公司、经营单位（事业部）、个人三层结构，有效杜绝了“滥竽充数”者的出现。

美的多层次的股权激励计划，满足了不同层次、不同岗位人员的需求，很好地解决了优秀人才的引用育留问题。这些激励措施的贯彻执行，极大地推动了美的的高质量增长。

随着经济发展和社会变革，消费升级概念不断推进，中国家电行业也实现了高速成长，伴随而至的是结构的升级。可喜的是，如今的股权激励计划的推行，已经在家电行业巨头间达成一定共识，股权激励也成为一定的机制力量，“马太效应”愈加明显。通过对美的的分析，可以对家电行业股权激励机制做出如下总结：

1.遵循“核心对象重点激励、个量分配呈现梯度”的原则

美的合伙人计划深度绑定核心管理团队成员，限制性股票增加了中高层管理者黏度；股票期权对风险承受能力较低的一线业务骨干具有一定吸引力。美的在每个层级都设计了适宜的激励计划，激励对象是每个层级的核心人员，既有梯度，又有重点，每个员工都能参与股权激励，但又不会出现吃“大锅饭”的现象。

2.激励方式要因人而异

美的合伙人计划通过分享公司业绩增长收益，对核心管理团队成员进行了深度捆绑；限制性股票高风险、高收益，增加了中高层管理者的黏度；股票期权低收益、低风险，适用于风险承受能力较低的业务骨干。对不同类型的人员，美的采用不同的激励方式，满

足了他们各自的需求。

3.激励内容要全面考虑

实施股权激励的终极目的是实现公司的战略目标，推动公司发展，所以，每实施一种股权激励方案，都要考虑它的激励对象是谁？公司需要激励对象在工作上达到什么水平？采取这种激励模式能否实现这一目标？该激励模式与公司正在实施或将要实施的激励计划能否配合默契？

4.激励计划要与时俱进

经济环境和政策环境变化快、经营模式转换也快，一种激励方式的“保鲜期”并不会太长，所以设计股权激励时，要留足空间，供后期不断完善。根据不同的市场情况，美的不仅推出了新的股权激励模式，还不断地将新鲜血液注入原本的股权激励模式，值得绝大多数企业学习和借鉴。

## /// 互联网公司的股权激励新思路 ///

股权激励，是优秀互联网企业的标配。

2005年百度成功上市，创造了无数的百万富翁，之后国内互联网企业就形成了一种惯例，即给早期员工配发股份或期权。

不同于传统企业，互联网企业对人才的渴求超越了对资本或资源的追求，“人”成为公司的核心竞争力，而这也是互联网企业与传统企业在股权设计上的本质区别。如何用股权“套牢”人才，是目前互联网企业必学的命题。

2016年5月，李想和同学合伙创立了一家科技公司，注册资本100万元。公司发展初期，有一位技术总监和两位软件工程师比较重要，两位创始人担心这三个人流失，影响项目的发展进度，进而影响融资进度，甚至导致项目的失败。李想思考，为了绑定公司主要员工，能否采取股权激励的方式？

可是，当时公司刚成立不久，利润几乎为零，很长时间都无法赢利，李想和同学于是决定进行融资。由于不能使用分红权、干股、身股和超额分红权等，只能采取期权的方式。

期权方案的设计，第一个要点是行权时间，他们约定的行权时间是在公司天使轮融资成功后。只要天使轮融资成功，公司的估值确定下来，股权的价格也就确定了；员工看到希望，自然愿意花钱去购买股票。同时，将天使轮融资作为行权条件，为了得到期权的好处，员工就会努力融资。行权价格确定为天使轮融资估值的1折，期权数量则是每人0.5%的数量。

方案实施后，三位研发人员工作非常努力，4个月后就取得了阶段性成果；半年后，公司成功实现天使轮融资，估值5000万元，模拟为5000万股，每股1元钱，三位员工以每股0.1元的价格购买25万股，每个员工出资2.5万元。之后，员工干劲更足了。

2019年1月，公司估值2亿元，成功进行A轮融资。三位员工发现自己的股权价值增加了40倍，非常激动，进行了部分套现后，顺利收回本金，信心更强了。李想和同学也尝到了股权激励的甜头，如今公司不仅扩大了规模，还引进了很多新人才，正在考虑实施第二期股权激励方案。

可见，互联网公司做期权激励的效果确实很明显。

下面，我们再来看看当今互联网巨头是怎样进行员工股权激励的。

**案例1：华为**

1990年，华为首次实行员工股权激励方案：参股价格为10元/股，以税后利润的15%作为总体股权分红；员工为公司工作一年以后，依据具体职位、季度绩效、任职资格状况等因素进行股票派发；用员工的年度奖金购买，如果新员工的年度奖金不够，无法应对派发的股票额，公司会帮他们获得银行贷款，购买股权。

此后，华为不断地实施、优化股权激励方案。例如，将老员工的股票转化为期股、分级对员工进行配股等。

**案例2：百度**

百度员工股权福利主要集中在创业初期。2004年4月，百度进行内部拆股，"一拆二"后，员工的期权增加一倍。而在上市前夕，百度又规定：在2005年1月以前加入百度公司的员工，都以每股10美分的价格拥有一定数量的原始股。

**案例3：京东**

刘强东曾公开表示，员工股权已经超过他个人持有的70%。也就是说，假设刘强东持有10%京东股权，员工至少持有17%京东股权。在京东，管理者和老员工都能享受股权激励政策。

互联网行业发展迅速，但人才流失也严重，要想留住一直陪伴公司成长的创始团队和员工、让他们感受到公司的优待，方法之一就是采取股权激励的方式。

股权的激励方式，不仅有实际股权，还有账面虚拟股权，而股权激励对象也需要明确。股权激励设计需要明确这样一个问题，即企业制订股权激励方案是想用哪种方式、激励哪些人？具体内容如表9-1所示。

**表 9-1　股权激励的对象和方式**

| 股权激励方案 | 说明 |
| --- | --- |
| 激励对象 | 对互联网行业来说，最重要的就是关键技术人才，公司要想发展，就要将这些人才留住，因此可以对这类人员进行激励。对于初创企业来说，招募合适的合伙人十分重要，设定合理的股权激励方案，不仅能激励、吸引和留住人才，还是筛选、招募合伙人的有效途径 |
| 激励方式 | 对于不同的激励对象，要采用不同的激励方式。比如，对于合伙人，要采用实际股权来激励；对于核心技术人才，可以采用虚实结合的方法。企业发展初期，可以采用虚拟股权激励，激励对象不参与公司的经营决策，只享受账面股权价值，即分红，让他们参与公司的发展，等公司发展到一定阶段，允许他们以优惠价格购买实际股权 |

互联网公司设计股权激励方案时，要根据企业的实际发展情况，制订真实有效的方案，否则，方案的落地实施就会出现很多问题。那么，互联网公司股权激励怎么做才能提高效果呢？

1.业务方向的澄清与共识

所谓业务的澄清，就是要想清楚企业未来向哪些方向发展、发展的目标是什么、通过什么样的路径实现这些目标、每个目标的责任人是谁、完成目标后会不会设置一些里程碑事件？

同样，业务目标的澄清不是创始人一个人或几个人拍脑袋一想就能落地的，还需要核心人才团队一起研讨和共识。将澄清与共识后的目标作为激励兑现的业绩要求，不仅能够制定出企业启动股权激励的时间和里程碑，还能确保个人激励兑现的业绩要求是围绕企业整体战略目标展开的。

2.看重创始团队的激励

互联网公司一般都发展很快，但在创业初期一般都要承担巨大的风险，其间加入的人才或公司成立之初就跟着创始人一起干的核心人才也要承担巨大的不确定性。对他们的激励，和企业发展到产品相对成型、有一定融资阶段时再加入的核心骨干的激励定位要有所不同，需要考虑创业初期他们艰苦的付出，设定合理的激励方式、额度、出资、行权条件等。比如，对于创始团队，采用出资入股的方式，直接成为股东，让他们成为企业的真正主人；激励出资上，最好以较优惠的价格，让他们看到企业对他们持续付出的肯定。

3.将有限合伙企业作为持股平台

互联网公司的创始人一般都想掌握公司的控制权，而将有限合伙作为员工持股平台，不受《公司法》的约束，有很大的自由约定空间，就能有效地将重大决策投票权集中于创始人或老板身上。

## /// 教育行业用股权解决人才问题 ///

教育培训行业是一种比较特殊的业态，行业特色明显，在“小散乱弱”的竞争格局中，组织缺乏张力，对核心骨干老师、管理者等具有极强的依赖性，强化了个人的作用和意义。为了吸引优秀人才，留住核心骨干，凝聚战略共识，提高绩效等，许多负责人、管理专家便将目光转移到了股权激励的设计上。

核桃编程成立于2017年8月，主要为客户提供在线少儿编程教学和课程。目前，核桃编程已经完成了两轮A轮融资，总额超过2亿元。

一直以来，教育行业实施股权激励，都是解决第一道师资的难题。对于少儿编程赛道来说，对老师的能力提出了更高的要求，不仅要懂计算机编程，还要懂少儿教学。可是，目前市场上并没有与之完全匹配的专业师资培训机构，师资来源也就成了少儿编程赛道的第一道难题。因此，培养优质师资也就成了少儿编程公司的重要工作之一。为了应对这个问题，核桃编程在大学集中、受教育人群密集的城市，建立了师资培养基地。

为了实施股权激励，引入AI技术驱动增长，核桃编程主打“AI人机双师”模式，扩大技术研发，提高了真人老师的工作效率、降低了师资成本，在一定程度上缓解了师资难题。但是，在少儿编程赛道中，为了提高教学服务质量单纯引入技术人才还不够，还需要教研团队的紧密配合。

具有教育背景的教员，在授课前需要深入学习编程；具有计算机背景的教员，需要参与到服务家长和学生的过程中。因此，核桃编程不仅吸纳了资深软件工程师，还吸纳了大量教育行业从业者。

教育行业股权激励，通常要考虑两个问题，具体内容如表9-2所示。

**表 9-2　教育行业股权激励要点**

| 问题 | 说明 |
|---|---|
| 股权定价 | 对于教育公司来说，老师的收益主要由授课难度、学生评价来决定。每个公司的具体情况各不相同，教育公司在确定激励方案时，需要花费更多的沟通成本。因此，在确定股权定价问题时，需要进行精准测算，不仅要考虑到每个老师的资金承受能力，还要精准确定公司的股份支付成本 |
| 员工出资 | 如今，教育行业发展越来越快，部分教育公司获得了很高的估值，但价值较高的股权，也给员工参与股权激励带来了很大的出资压力。为了缓解员工的出资压力，公司需要从多种渠道协助员工解决出资问题，否则，员工只能获得少量股权，无法实现理想的激励目标。其中，协助方式包括但不限于：低价授予股份、股份无偿奖励、股东借款、先认缴后实缴、分期付款、担保借款、外部融资等 |

教育行业的股权激励，主要是做好对以下人员的激励：

1. 优质师资激励

激励优质师资，可以从以下三个方面入手：

（1）股权薪酬配比合理。老师的可授课量都存在一定的上限，为了得到更多的优质师资，教育公司要舍得投资，不断增加老师的薪资。而要想缓解老师薪资增长、关键导师收入分红给公司带来的现金流压力，就要设置合理的股权薪酬配比。

（2）竞业禁止条款。教育产业的发展，关键在于师资，而教育公司感到苦恼的问题之一，就是优质老师的离职。为了防范老师离职后带来的同业竞争风险，教育公司设定股权激励制度时，就要设置一定的竞业禁止条款。

（3）发放期权，实现长期绑定。教育行业最“硬核”的壁垒是优质师资，使用期权激励，设置3~5年分期成熟或解限，让老师获得的权益逐年递增，教育公司就能长期将优质师资捆绑在一起。

2.技术骨干激励

教育行业竞争激烈，很多公司开始以AI为技术卖点推广自身服务。2019年，在线教育里最大的创新是“AI互动课”，营收规模甚至反超直播课。其关键点就是对技术骨干进行激励。可喜的是，很多教育企业已经认识到了这一点，比如，有的在线教育公司在AI技术的研发投入比老师薪资的投入还要高。同时，他们还会激励教辅、研发人员，提高教研能力，投入了巨资，远超初创公司的预期。

小盒科技（前身作业盒子）是中国知名的AI教育公司，致力于用AI技术构建基于校内教学和家庭辅导的智能教育服务生态，至今已经完成D轮融资。

事实证明，在激励制度中，使用技术股招揽核心技术骨干，确实能替代高额的现金支出。

3.地方加盟商激励

在教育行业发展过程中，很多教育公司都开放了地方品牌加盟，不过好坏参半，在促进公司快速发展的同时也产生了很多负面影响。一方面，要想运营一家线下教育机构，对从业者的要求极高，加盟商一般不具备从业经验；另一方面，行业内缺少与加盟商绑定的有效办法，无法让加盟商和品牌站在同一立场，不利于品牌方掌控加盟商的服务质量，容易对自身的品牌形象造成负面影响。

另外，2018年司法部颁布的“送审稿”提高了教育行业加盟连锁的资金门槛，使得品牌异地扩张的开展受到一定阻碍。为了解决这个问题，可以参考以下建议：

（1）与加盟商合作，成立合资公司，既能打消加盟商对自己可能陷入传销骗局的疑虑，又能与加盟商密切捆绑在一起。

（2）使用城市合伙人制度，将双方利益捆绑在一起，扭转总部和分部关系的松散局面，更好地收集资金。

（3）不仅可以采取单纯交加盟费的方式，还可以提供资源帮助，如人才培训、共享办公系统、输出教案等。

4.销售人员激励

教育行业的激烈竞争，让营销不断投入，教育公司的获客成本居高不下，尤其是在资本看中“一对一销售”数字的当下，更要对相应的销售人员进行激励。

目前，教育培训市场总量基数大、增长快，无论是线上机构，还是线下机构，采用的都是传统的销售模式，即大量投放广告，雇用大量销售人员，大搞人海战术，管理方式比较粗放。使用“绩效股”激励工具，不仅能改善传统的“底薪+绩效”销售分成模式，还可以缓解公司的现金流压力。

5.校区主管激励

随着“新高改”政策的利好，各大教育公司都在加速BD(要求岗位就业者开发市场)学校。虽然进校工具类App曾被政策强制按下暂停键，但很快就缓慢复苏。2019年，以单体城市为突破口的“区域网校”开始在下沉市场发力。

使用城市合伙人制度，就能激励各大校区主管、校园团队抢占更多学校，提高B端市占率。不过需要注意的是，将校区主管纳入公司股权激励制度，需要提前制定好配套规章制度。

6.外部顾问激励

在具体实践中，线下培训机构通常会聘请外部老师，比如，商学院会聘请大学教授授课，但外聘费用非常高。将外聘老师纳入激励对象，改善股权薪酬配比，就能极大地降低外聘费用，将双方利益牢牢地捆绑在一起。

## /// 出版行业的股权赠与 ///

“互联网+”和数字化升级的浪潮波涛汹涌，不仅迅速推动了中小出版企业在内容上的转型升级，还对企业架构、股权结构等提出了更高的要求。

出版业是一门创意产业，人才是出版企业的核心竞争力，只有为管理者和骨干人才提供持股的机会，提供有竞争力的薪酬，让他们通过分红等方式获得收益，帮助他们不断成长和实现自我价值，才能维护企业的整体利益。

## 一、选择适当的模式

出版产业的股权激励模式有很多种，中小出版企业应当结合实际情况，选择符合自身的股权激励方案，将激励对象的绩效与公司业绩的不断提高紧密联系在一起，实现自身的可持续发展。

在具体实施过程中，可以根据实际情况采取不同的组合策略：

1.针对高级管理者，实施年薪虚股制

对于中小出版企业来说，社长和总编辑都是高级管理人才。他们是一种特殊的人力资本，拥有不同于一般人力资源的权利与义务，对他们的激励，可以采取年薪虚股制，即将年薪制与股权激励机制结合起来，将部分年薪以现金的形式支付给他们，而将其余部分转化为虚拟股票，同时规定这种股票的持有期限，到期后一次或分批以现金形式兑现给他们。

年薪虚股制引入了保证金制度，通过一定的杠杆效应，可以进一步放大激励强度。出版企业高管要想取得丰厚的报酬，就要努力工作，实现经营业绩的高速增长；一旦经营业绩下滑，高管的收益就会受到影响，这也是高管最不愿意看到的。

2.针对中层管理者和骨干员工，实施虚拟股份制

中小出版企业规模相对较小，中层管理者肩负着选题策划、营销推广等职责，核心编辑和骨干发行人员更加举足轻重。为了将他们的个人报酬与企业业绩建立更直接的联系，适合采取虚拟股份制。

将虚拟股份赠与优秀人才，让他们有权享有企业分红，不再享

有其他权利，就能提高他们的工作热情，鼓励他们积极参与到公司的治理中。

## 二、实施股权激励应避免的误区

股权激励是一把“双刃剑”，若合理使用这把剑，效率就会成倍地提高；若使用方法不当，很可能会割伤自己，因小失大。只有避开误区，股权激励才会收到相应的效果。

误区1：推行股权激励可以完善公司治理结构。

完善的公司治理结构，是出版企业推行股权激励的前提条件和必要条件，想当然地实施股权激励方案，就会引发生存危机。虽然企业的决策权与控制权可以随着市场竞争环境的变化而调整，但中小出版企业通常都规模小、管理制度不完善，经营权和决策权都掌握在部分管理者手中，企业决策依赖于集体，发展不稳定，监管力度不够。

误区2：任何时间都能实施股权激励。

只有选择适当的实施时机，才能更好地发挥股权激励的作用。在不同时间对员工进行激励，激励的作用与效果会明显不同。激励太过超前，员工会认为该激励措施可有可无；激励太晚，员工会认为多此一举，使激励失去意义，发挥不了相应的作用。因此，具体的激励时间，要根据具体情况来设定。

误区3：激励对象越宽泛越好。

很多中小出版企业都喜欢将股权激励当成一种送给员工的福利，鼓励员工入股，进行内部融资。这时候，如果有些员工对股权激励缺乏认识，图谋眼前利益，不想跟公司一起发展，企业就无法实施股权激励，即使给激励对象分配了股权，也无法长久地留住人才。

对优秀人才进行股权激励，就能构建一个充满活力、忠诚、团结奋进的团队，提高团队竞争力，创造优秀业绩、实现可持续发展。

目前，很多出版企业采取的方法是，划定一定的持股范围，如企业经营者、中层管理者等，只有范围内的人员，才可以享受公司的股权激励方案。这种方式简单，容易实施，但需要注意的是：持股者的能力各不相同，必须明确一套考评体系，对不同的人员进行横向比较，了解他们各自的相对重要性；同时，还要将个人能力与股权激励数量联系起来，在人员之间适当拉开一定距离。企业可以先给予激励对象分红权，然后根据具体情况，送出期权和股权。

误区 4：持股时间一成不变。

通过股权激励计划，员工能够持有部分股份，但是企业也会出现“一次持股，终身享受”的担忧，担心员工持有股份后拥有打工者和经营者的双重身份，失去工作斗志，懒散应付，难以约束。

不可否认的是，拿到股份后，有些人确实不会像过去那样努力工作，只领分红不出力的人也会越来越多……要想解决上述问题，出版企业就要建立股权流动机制，依据“以岗定股、股随岗走”的原则，对持股者持有、增减、退出股份的条件、时间、价格等提前做出约定，把持股与员工表现有效结合起来，形成制度化和规范化。同时，还要制定相应的考评体系。

误区 5：考核标准越高越好。

只有制定合理的考核指标，才能激励管理者努力工作，又不至于让他们认为目标遥不可及而放弃努力。

如今，多数中小出版企业没有上市，股票不流通，就不能以股票净资产定价来决定企业业绩，其实完全可以使用关键财务指标；同时，企业还可以根据自身情况设定适合自身发展的绩效考核指标，包括财务指标和非财务指标。不过，这些指标应该是善意的，具有可行性与合理性，不能一味地从高从严。

## /// 房地产行业的股权激励更看重合法合规性 ///

在年轻的中国房地产界，万科是一个典型样本。

万科是目前中国最大的专业住宅开发企业之一。1988年万科进入房地产行业，1991年成为深圳证券交易所第二家上市公司，然后只用20多年时间，就成长为国内最大的住宅开发企业，业务遍及珠三角、长三角、环渤海三大城市经济圈和中西部地区，共计53个大中城市；年均住宅销售6万套以上，销售规模居全球同行业首位。

与创造的销售奇迹相比，万科在企业管理制度上的突破更加值得我们关注和学习。

梳理万科的发展历程，就能发现自20世纪90年代至今，万科一共实行了三次股权激励计划：

第一次：20世纪90年代，万科实施了第一轮股权激励计划，但是后来由于一些原因，没有持续实施下去。

第二次：2006年5月，万科实施了第二轮股权激励计划。每年提取部分净利润，组建激励基金，委托信托公司购买万科A股，只要满足股价挂钩条件，经过储备期、等待期后，第三年就能交到高级管理者手上。得到股票后，高管每年都能卖出，最多可以卖出25%。结果，2008年企业业绩不达标，该计划不得不终止。

第三次：2010年，万科起草了《股票期权激励计划（草案）》，选出851名激励对象，授予他们11000万份股票期权。

万科知道，自己的竞争力主要体现在一批批优秀的职业经理人身上，不管是进入新的资本市场环境，还是在企业发展过程中，要想保持管理者的稳定，要想让优秀的业务骨干心甘情愿地留在公司，就要设立一定的制度，将股东与职业经理人捆绑在一起，建立一套利益共享与约束机制。这类人群享受了企业增长带来的红利，就能鼓足干劲，为股东创造更多的财富。

万科对人力资源的高度看重，在股权激励方案中得到了充分体现。股东看重的是业绩成果，只要制订的方案有利于业绩增长，或者公司利润能够超常增长，股东就能成为最大受益者，他们自然也就愿意让出部分利益送给创造价值的优秀人才；而对于激励对象来说，自己只要努力工作，就能享受到股东的部分利益，工作积极性必然会提高。如此，就形成了一个良性循环。

万科股权激励计划的意义就在于：实行限制性股权激励计划，确定激励对象的范围，设置最低门槛，将优秀人才的业绩与他们的利益紧密联系起来，在企业与人才之间建立起一种相互信任、利益共存的关系，实现双赢。

房地产企业具有本行业特点，在推行股权激励过程中，以下方面需要特别注意：

（1）企业资产庞大，员工出资购股比较难。很多房地产企业拿地，动辄几个亿甚至几十亿，即使按照净资产来计算，具体的出资数额也非常大。在这种情况下，员工入股一般都相对很少，比例很低，只占2%~3%。但是，绝对数很大，对应的资产价值往往几千万、上亿，员工出资压力非常大。为了应对这些问题，房地产企业可以将资产放在现公司，新设一个运营公司进行股权激励，将经营绩效和人的努力程度紧密联系起来。

（2）房地产的股权激励要充分考虑资本运作，要考虑外部股权融资要求。作为资金杠杆利用率非常高的准金融性企业，房地产企业要通过股权撬动资金。设计股权激励方案时，要认真筹划与股权密切相关的资本运作手段，如项目合资合作、企业上市运作等。

（3）房地产企业估值很难，财务上是按照历史成本法入账的，很多企业账面资产看起来不高，报表负债率很高，但实际上是按照重置法，按照市场公允价值来计算的，企业资产非常高。账面资产和实际价值严重不符，就很难正确估值。

（4）房地产企业是项目型的，在项目公司做股权激励，只要项目做完了，也就结束了，很难确定激励周期。此外，在房地产开发公司层面，还可能出现搭顺风车的现象。

（5）房地产开发项目的周期与财务自然年度不一致，利润无法在年度得到体现。多数人普遍可以接受的股权激励往往以财务年度作为计算基础，需要做好平衡和调节。

## /// 传媒行业的股权激励大 PK ///

对于传媒行业，股权激励的目的不仅是留住人才、激活员工的积极性，更要激发企业的创新活力，提高业绩，提高市值和回报，完善现代企业制度，促进企业持续发展。同时，抛弃旧有的经营模式，彻底面向市场。

下面举几个传媒行业方面的例子：

**案例1：东方明珠**

东方明珠拥有国内最大的多渠道视频集成与分发平台，不仅可以为用户提供多样的视频内容，还有顶级的视频购物、文化娱乐旅游、影视剧、数字营销和游戏等娱乐产品。其以“用户数据化”为中心，为用户提供了优质的产品体验，对线上线下渠道进行了有效拓展，是国内首屈一指的创意者和提供商。

在国有传媒企业中，东方明珠是第一家实施股权激励的企业。

面对娱乐产业竞争越来越激烈的现实，为了巩固并进一步扩大自己的优势，为了将人才的潜力充分挖掘出来，为了调动员工的积极性，东方明珠制订了股权激励方案。

2016年，东方明珠向激励对象授予限制性股票，首批共选出574名激励对象，主要包括公司高管、核心管理者、核心业务骨干和核心技术骨干。授予价格为12.79元，锁定期为3年，锁定期满后分三批解锁，解锁比例分别是33%、33%和34%。

这次股权激励计划是东方明珠的有益尝试，更有利于留住人才，激活企业的发展动力。

### 案例2：华策影视

华策影视主要从事的是影视产品的制作和发行，主营电视剧，是一家文化创意企业。

2011年，华策影视获得迅猛发展，员工规模不断扩大，为了保持团队的稳定和团队核心竞争力，华策影视实施了股权激励计划，选出61名激励对象，赠与403.5万份期权，行权价格为42.58元。后来，有5个人离职，公司立刻对股权激励进行了调整。

2017年5月16日，华策发布第二次股权激励计划，内容包括：股票期权激励计划和限制性股票激励计划。选出激励对象338名，人员涉及：董事、中高层管理者、核心技术（业务）骨干、其他人员；向激励对象授予4000万份期权。

### 案例3：山影制作

山东影视制作股份有限公司成立于2009年4月8日，致力于广播电视节目的制作发行、电视剧的制作发行、电影的发行等。为了维护主创人才的稳定性，创造更多的好作品，山影在2016年实施了员工持股计划，拿出公司49%的股份对优秀人才进行激励，激励对象包括：制片人、导演、编剧，不仅提高了他们的薪酬福利，还可以享受项目分红和股权分红。只要山影成功上市，持股员工就能成为上市公司的股东。

**案例4：华谊兄弟**

华谊兄弟，在中国大陆有着极高的知名度，为了留住人才，2012年，华谊兄弟实施了第一次股权激励计划，激励对象包括董事、董秘、财务总监胡明和总监制陈国富等，共有130人；授予1155万份股票期权，行权价格为14.85元。

2018年6月12日，华谊兄弟制订了第二次限制性股票激励计划，向核心管理者和骨干授予3000万股限制性股票，授予价格为3.82元，约为当时对外市场价的50%。

总结传媒企业股权激励的情况，可以发现，尝试进行股权激励的公司基本上是行业龙头，包括国有传媒企业和民营公司，其中部分公司甚至还是上市企业，员工持股具备一定的金融流动性。

## /// 餐饮公司的合伙人制度 ///

小可辞职后想创业，找到闺密小周，两人一拍即合，凑了20万元，开始行动起来。

按照小可的设想，奶茶行业利润高，时下年轻人都喜欢，生意应该很好做。可是，由于这是两个人的第一次创业，缺少餐饮行业从业经验，眉毛胡子一把抓，从开业的第一天就开始亏损。

小可和小周都感到了巨大的压力，然后就开始了无休止地抱怨。小可觉得，小周当初选的店铺位置有问题，位置太偏，人流稀少，自然生意清淡；而小周则怀疑，采购过程中小可可能揩了油水。多次交往之后，小问题慢慢放大，两人开始了争吵。最后，小可怒发冲冠，坚决要退出，让小周把自己投资的10万元退给她。可是，两人当初开店也是一时头脑发热，根本就没签过协议，更没有制定退出机制。小周反驳："店铺的账都是清晰的，这几个月早就花完了，你又不是没看到！扔下个烂摊子让我收拾，门都没有……"

一对塑料姐妹花被成功拆散。为什么朋友合伙做生意，失败的多，成功的少？

成功的合伙各有各的成功之道，但是失败的合伙，不外乎几个原因，其中之一就是股权设置不合理，觉得大家都是朋友，自然就要"有难同当，有福同享"。但从商业逻辑来讲，两个股东对等，就是两个意见的对等，谁都不能为企业的决策拍板，只要两个人意见不合，一方就会想办法说服另一方，员工也不知道该听谁的。

合伙做生意，稍有不慎，就容易出现问题，其实只要提前做足准备，也能更好地激励员工。

喜家德是一个水饺连锁品牌，于2002年创立于黑龙江鹤岗，总部在辽宁大连，如今已经在全国40个城市设立了400多家店，共有员工4000多人。喜家德之所以能够取得如此巨大的成绩，主要原因之一就是采取了"358合伙人制"，即使是擀面女工，年收入也能达到30万元。

这里的"358合伙人制"是指：

"3"，是指3%，考核完成后，如果店长排名靠前，就能获得干股收益，不用自己出资，就能分享公司收益。

"5"，是指5%，店长培养出了新店长，只要符合考评标准，就可能接手新店，并在新店投资入股5%。

“8”，是指8%，店长培养出了5名店长，只要符合考评标准，就能再开一家新店，有权在新店投资入股8%。

“358合伙人制”解决了人才培养的三大问题：

第一，将人才培养与股权激励直接联系起来，让人才培养有了源源不断的动力。

第二，将老店长的收益同新店长的绩效表现联系起来，人才就会长期为店铺效力，更有利于为人才制订长期的培养计划，解决了人才培养的短视问题。

第三，老店长要想入股新店，就要自己投资，强化了人才培养的成效，可以提高老店长的责任意识，他们更会对“结果负责”。

通过以上分析，不难看出，合伙创业虽然容易出现问题，但毕竟一个人能力有限、资源有限，单打独斗行不通。那么如何提高合伙创业的效果呢？答案是设置合理的股权机制。

真格基金的创始人徐小平曾说过，合理的股权结构应该满足四个字：大而不独。要做到这点，就要采取最佳的股权结构，即5∶3∶2或6∶3∶1，第一大股东不少于50%，第二大股东不少于10%。只有这样，才能让第一大股东拥有超过51%的股权，绝对控制公司，成为团队的领导者，为公司发展做决策，被员工信服；而第二大股东股权要大于10%，也就是说，对公司的价值贡献必须在10%以上。因此，合伙创业要设置这种股权构架，寻找能力匹配、资源匹配的合伙人，找到人才与资源的最佳结合点。

当然，还有一种情况，就是创业者自己有能力但缺资金，合伙人只想出钱不出力。如果对方出资比例太大，超过了创业者，而创业者又不想失去公司的控制权，该如何应对？

（1）双方签署“投票权委托协议”，让对方将自己的投票权利转给你；

（2）双方签署“一致行动人协议”，让对方听从你的决策；

（3）设立AB股制度，A股投票权是B股的两倍，即使你只掌握少数股权，也有更多的投票权。

合伙做生意难免会遇到某个合伙人想要退出的情况，最好提前签好散伙人协议，规定退出后股权的处置情况、回购价格、违约条款等。这也是避免反目成仇的最好办法。

## /// 村民持股，人人都能当老板 ///

长顺县位于贵州省中部，近年来，该县紧扣高质量脱贫摘帽的目标，抢抓政策机遇，深化“三变改革”，健全利益联结机制，通过试点带动方式，积极探索全员持股“村社合一”，构建了一个全民共商、共建、共管、共享的利益共同体。

在每个村级合作社，都建有自己的党支部，支部书记全部由村党组织书记兼任。主要工作是深化“党组织+合作社+农户”模式，整合资源、组织群众、发动群众，推进“村社合一”，为“全员持股”科学实施提供保障。

全员持红股，约占总股份的25%。凡是本村村民，以户为单位，每户都能无偿持有不少于10股的普惠红股；除了建档立卡，让贫困户享受普惠红股外，原则上按照“每户贫困户10股+每个贫困人口10股”的标准持有扶贫红股，每户都有股份，每个人都是股东。

土地增值股，约占总股份的50%。以原土地承包经营户为股权受益人，除了按田不低于700元/亩、地不低于300元/亩的标准确保土地流转保底分红外，还要按照流转土地3股/亩，对股份入股村合作社参与合作社收益分红进行重估，激发村民主动参与产业发展、盘活土地的积极性和主动性。

经营发展股，约占总股份的25%，除了红股和土地增值股等之外股份，都是村合作社可持续发展的储备股，由村集体持有，收益主要用于合作社扩大生产经营和全村公益事业支出等。使用三种股权设置，既可以保障村民所有的普惠红利，又能对贫困户进行精准帮扶，有效推动土地的流转和增值。

无独有偶。

贵州省黄平县学坝村“全员持股”发展模式，不仅让村民实现了富裕，还增强了集体荣誉感。

学坝村党支部依靠山泉水资源、坝区资源、特色村寨及帮扶资源优势，带领党员群众发展四大支柱产业，即乡村旅游、生态农业、民俗餐饮和电子商务，在村集体的统一管理下，产业发展得如火如荼。

为了让群众增收，成为真正的受益者，学坝村“两委”班子提出了“全员持股，全民受益”的发展理念。

然而，如何入股？如何分配？如何确保实现全民受益？学坝村没有现成的经验可学，只能慢慢尝试和实验。

村“两委”班子将帮扶资金变为股金，即第一年先用中国农业银行帮扶资金作为村民的入股资金，按照“一户一股”的方式覆盖全村507户农户；村民尝到甜头后，再对股金进行调整。如此，既能减轻村民投入资金的压力，也能保证全民受益，得到村民的支持和认可。不仅让村民在本年度得到了实实在在的实惠，之后每年都有收益。

通过党员大会，各级领导广泛吸收有益的意见，学坝村将集体经济收入按照“5+3+2”的比例进行分配，即507户农户分5成，村集体经济滚动发展资金分3成，村级公益基金分2成，既保证了全民受益，也保证了村级服务群众的能力，有利于实现可持续发展。

# 第十章

# 全员持股优秀企业大盘点

## /// 温氏股份的全员持股计划 ///

1983年温北英想创业，可是缺少资金。他找村民帮忙，最后有七八个村民愿意跟他一起干，大家一起凑了8000元，成立了新兴县簕竹畜牧联营公司。为了不让这些村民吃亏，温北英创造了八个股份，即“七户八股”。

温北英积极肯干，经过几年努力，就带领公司走上了正轨。在运营企业过程中，他意识到，不能将财富集中在一个人手里，要懂得分享，吸引更多的人才加入。他认为，企业发展的关键是人才，为了鼓励大家一起创造价值，一起分享劳动成果，他于1992年提出了“精诚合作，齐创美满生活”的核心理念。

1993年，温氏开始实行员工持股计划，让重要干部和骨干员工都持有公司股份，他们既是股东又是员工，将股东和员工利益很好地联系起来。持股员工不仅可以凭借自己的努力获取合理的劳动报酬，还能和公司一起分享收益，如此，不仅提高了员工的积极性，公司发展资金也更充裕。

1999年，公司变更为有限责任公司，股东包括46名自然人和温氏集团工会，由工会代广大员工持有温氏集团的股份。3年后，温氏集团变更为股份有限公司，持股的员工人数增加到6789人，员工占49.57%。

2015年11月2日，温氏股份兼并大华农，成功上市，持有公司股份的员工身价飙升。数据显示，48人成为亿万富翁，上千人成为千万富翁。即使在公司负责打扫卫生的保洁员，也可能是个千万富翁。《2016胡润百富榜》共有2056位富豪上榜，温氏共有8人上榜。

2016年，温氏股份推出一期员工持股计划，涉及人员包括：温氏家族管理团队、董监会和优秀员工，约有19090人；采用非公开发行股票的方式，员工可以掏钱自己购买。员工能与公司共享发展利益，不仅增加了团队的凝聚力，还充分调动了员工的积极性，员工以企业为家、以企业为荣，同舟共济，实现公司发展战略，也保证了股东利益的最大化。

在温氏，员工只要入股，就能一直持有，即使员工年龄大了、调换到相对清闲的岗位，持有的股份也不会受影响。通过共建共享，员工不仅通过自己的劳动得到了合理的回报，使自己的生活得到了改善，还分享了资本市场红利，员工的忠诚度大幅提高。数据显示，高层以上人员离职率不到2%，不仅保证了骨干员工的稳定性，还吸引了更多人才的加入。

## /// 大润发给全员派送虚拟股票 ///

大润发是一家中国台湾大型连锁量贩超市，1997年开始入驻内地，之后和欧尚合作，以“高鑫零售”的名字在中国香港联合上市。数据显示，大润发自成立以来只关闭过一家综合性卖场，且如今每年仍然以10%的速度增设新门店。

大润发以提供优质服务为目标，主要依靠员工提供的高效服务。那么，大润发是如何提高员工的忠诚度、服务标准、生产效率、降低流失率的呢？很重要的一点，就是大润发制定了一套完整的股权激励机制，会提取一定比例的利润，购买公司虚拟股票。

2002年，大润发跨过了盈亏的平衡点，就制订了店总股权激励计划。当时，大润发还未上市，公司设立了信托基金，搭建了一个持股平台，每年都会拿出当年利润的12%~15%，投入到信托基金池中，作为奖励基金，用来购买公司的虚拟股票，购买之后再发给店总。

2014年，大润发盈利29亿元，15%投入到了基金池，该资金规模相当于新开两家门店的总投入。当时，股票价格的确定是，第三方财务咨询公司根据大润发的营业额、获得利益率和现金流等指标来估算。2009年大润发内部股价是103元，2014年上涨到260元，这还是内部控价。

那么，满足哪些条件，店总才能拿到公司股票？大润发设定了唯一的考核指标，即进步率，也就是营业收入的增长。店总和自己比较，只要门店的年营业收入增长率达到2%，店总就会拿到1500股的配额；即使店面呈负增长，也能拿到对应的股票。

设定这样一种考核指标，有哪些好处？按照行业惯例，成熟的店总一般都不愿意离开已熟悉的店面去开拓新市场，因为公司开新店烦琐细节很多、很麻烦。大润发把进步率作为一个考核指标，虽然开新店的过程异常复杂，但是新店的营业收入基数比较小，增长率自然就会高于已成熟的门店，完全可以拿到更多的公司股票，让更多的店总提高开设新门店的意愿。

2010年，大润发和欧尚联合上市，大润发推出了全员持股计划。当时，大润发的员工和店总一样，拿的都是公司的虚拟股票，员工的持股规则如下：普通员工按照月薪乘以13再乘以10%，相当于公司每年额外给员工发放价值高于一个月薪水的公司虚拟股票。如果想退出，普通员工比店长更容易。离职时，员工当年的股票配额作废，但过去所得的股票都可以拿出来交易、兑换成现金。

全员持股，不仅大幅降低了大润发门店员工的流动率，还在一定程度上降低了企业招聘和培训的成本。

在2010年中国零售领袖峰会上，大润发董事长对“一个公司如何构建激励制度”发表过一段精彩的演讲，他说，人员激励共包括两个层面：一个是物质层面，另一个是精神层面。有时精神激励比金钱更重要，所以既然要对员工进行激励，就要针对员工的欲望采取不同的措施，最好是精神激励和物质激励同时进行。大润发的人员激励主要归纳为两部分：一部分是非薪酬激励，另一部分是薪酬激励，如调薪等。

股权激励的模式多种多样，大润发根据自身发展程度及所处行业的特性，设定适合自身的激励机制。大润发的案例告诉我们，对于规模小、经营风险大、未来业绩不明确的企业，可以采用赋有权利而不是义务式的激励工具；对于规模较大、现金流充裕、未来发展明朗，但未进入公开资本市场的企业，则可以采用虚拟股权或现金类的激励模式；如果参照较成熟企业的激励体系，则要结合企业自身的实际情况，绝不能依葫芦画瓢。

## /// 小米的员工激励和全员持股 ///

小米公司正式成立于2010年4月，主要经营手机、智能硬件和IoT平台。小米公司成立后，只用了7年时间，年收入就突破了千亿元人民币。

作为国内互联网公司的杰出代表，小米公司是如何进行股权分配和激励的呢？

小米公司在创业初期，就将股权激励上升到了战略层次，具有明确的激励目的，激励时机合适，因时制宜。小米通过自己的股权激励体系，将员工牢牢地绑定在公司，有效激发了员工的工作积极性和创新热情，最终造就了如今的小米集团。

小米实施股权激励，以下几个方面最值得关注：

1.通过股权激励保持高层的稳定性

对于企业来说，高管永远都是组织稳定的核心，小米成立之初为了吸引合伙人，实施了股权激励。小米的8位联合创始人，在加入小米之前就分别在各自的领域内取得了卓越的成就，如今的身家均已高达数亿美元。

此外，在小米A轮融资时，8位联合创始人分别以一两百万到几千万不等的金额，向小米注入了资金，为了解决出资问题，有的合伙人甚至出售了原有公司的股权。在当时的背景下，这种出资行为代表了员工对小米未来的信心。

2.现金或股票弹性调配

在股权激励初期，小米让员工自由选择，也尊重他们对风险的承受能力，规定“可以在股票和现金之间灵活调配比例，作为自己的薪资”。新员工加入时，对于薪酬，小米会给他们提供三种选择：第一，和其他跨国公司一样；第二，2/3现金报酬+1/3股权；第三，1/3现金报酬+2/3股权。最终，15%的员工选择了现金工资，70%的员工选择了70%~80%现金和部分股票，15%的员工选择了少量现金和较多股票。这三类员工都得到了满意的薪酬结构。

采用“现金+股权”的薪酬结构，企业就能对员工进行短期、中期和长期激励，既能有效节约公司的现金流，又能筛选并留下真正有创业梦想的员工，打造出与企业共存亡的命运共同体。

3.用双重股权架构，把握控制权

小米实施了AB股制度，即投票权A股为一股一票，在市面上可以正常流通；B股为一股10票的超级投票股，不能随意转让，如果想转让，就要放弃投票特权，先转化为普通投票权股票，交给管理团队持有。采用这种双层股权构架设计，雷军虽然只持有不到1/3的股权，却拥有55.7%的投票权，不仅确保了雷军对小米的控制权，更有效地激励了员工、吸引了投资。

4.通过全员持股计划，激发全员创业热情

2011年5月，小米公布了一次“普惠式”股权激励方案，截至2018年6月，小米集团约有1.9万名员工，参与计划的人员达到7126人，占员工总数的38%，超过1/3的员工参与了上市前的股权激励。

5.降低持股门槛，绑定核心成员

为了保证中层骨干的稳定性，发展初期，小米主动降低持股门槛，给核心成员创造了持股机会。如此，即使核心成员离职，公司机密和核心技术等也不会外泄，保证了机密和技术的安全性。

6.制定清晰的股权战略

小米成立时，雷军将股权激励上升到战略层面，制定了清晰的股权发展战略，在公司发展过程中，经过系统化，不断完善。

7.全员持股计划新登场

2019年7月22日，《财富》杂志公布了最新“世界500强公司排行榜”，小米成功上榜。之后，雷军在公司内部发送了一封邮件，其核心内容为：“我们将赠与每位小米同学1000股小米集团股票，其中500股是给我们每个人的全球500强成就纪念，另外500股是我们给每位同事和伙伴的家人的纪念品，感谢你们的支持。”按照该计划，小米拿出1000股集团股票，赠予所有在职员工和核心外包服务团队，共计20538人，实现了全员持股。

本次赠与给员工的股票为限制性股票单位（RSU），该股票要想生效，需要员工签署协议；而且，归属日当日依然需要在职，才能获得相应的股票；反之，被授予的RSU就会自动失效。

其实，从本质上来说，雷军的全员持股计划就是一种股权激励，是员工所有权的一种实现形式，员工能够以股东的身份参与企业决策、分享利润和承担风险，共同为公司的长期发展提供服务。该“赠股”计划的实施不仅让小米内部员工获得了满满的企业归属感，更加信任和依赖小米，还赢得了广泛的社会认可，雷军也成了“有情怀的老板”。

## /// 永辉超市的持股激励方案 ///

永辉超市是全国零售行业的标杆，为了提高员工积极性，永辉进行了创新，不仅体现为对待消费者的方式，更体现在对“内部客户”即一线员工的激励。

1.一线员工合伙制

在整个超市行业，一线员工一般都干着最脏、最累的活，却拿着最低微的薪水，员工流动性极高。

一次，永辉超市董事长进店调研，发现一线员工的月工资只有2000多元，刚能解决温饱问题，工作没有动力，缺少干劲，整天都耷拉着脸。同时他还发现，为了通过商品的颜色、品相等来吸引消费者进店，并且在店内走动，激发消费者的“非计划购买欲”，工作人员都将瓜果生鲜摆放在一进门的位置。可是，如果生鲜非常漂亮，消费者确实会停下来，走近它、触摸它，最后主动掏钱购买；反之，如果生鲜商品面相不佳，不仅不会吸引消费者驻足，还会给消费者留下不良印象，认为永辉超市的商品都不新鲜。

董事长陷入了思考：一线员工懒懒散散，码放果蔬时只是简单地往那一丢、一砸，经过碰撞的果蔬几小时后就会变黑，影响销售，是因为员工认为反正卖多卖少都和自己没关系，超市损失多少也和自己没有关系。可是，给一线员工涨工资收入也不太现实：全国共有6万多名员工，每人每月增加100元，一年就要多付出7200多万元，几乎占了10%的净利润；况且，100元的激励作用非常小，有点儿拿不出手。最后，董事长决定像其他企业学习，采用“合伙人制”。

为了增加员工的工资，节约成本，提高营运收入，永辉超市便对一线员工实行“合伙人制”：只要品类、柜台、部门等达到了公司设定的毛利额或利润额，超出的部分收益由企业和员工分成。员工纷纷表示支持。看到企业如此关心自己，还给自己如此大的好处，员工的积极性被调动起来，超市面貌焕然一新。员工主人翁责任感增强，开始关注超市的发展，服务意识也开始变强，工作起来更加尽心尽力。

有些团队和企业的协定是利润或毛利分成，为了得到更多的收益，员工会尽量避免不必要的成本浪费。以果蔬为例，不仅在码放时不会重拿重放，还关注商品的保鲜，为该公司节省了大量成本。

2.专业买手股权激励

对于永辉来说，最重要的就是和生鲜相关的部分，于是在合伙制的基础上，对于一线员工中具有专才的人（即买手），永辉又进行了更大的利益分享——股权激励。

买手是永辉超市在供应链底端的代理人，经过多年探索，他们非常熟悉当地菜品。比如，什么时间收的菜才能保持更长时间的新鲜度——四五月要在凌晨收菜，六七月得赶在天亮前收菜，而八九月则必须在前一天晚上收菜。而且，不同的菜品、不同地区，相关知识也是不同的，这些知识和经验都是永辉和买手经过多年的试错后得来的。

买手熟悉村镇的情况，对菜品的各种特征一目了然，自然就容易开展工作；但同时，买手容易被其他企业所觊觎，支付更高的薪水，直接将人才挖走。为了保证买手团队的稳定性，永辉将合伙人制度跨上了一个新台阶，通过合伙人制，向买手发放股权激励。

永辉不仅和企业内部员工建立了中、高层级的合伙制，还和当地农户建立了一种类似“合伙人制度”的合作。和农户签署合作协议是法律基础，但是法律永远都是底线，经过十几年的探索和沉淀，他们发现和农户打交道，最重要的是“信任”二字。经过多年的合作，永辉得到一批忠实的合作伙伴，提高了在果蔬方面的核心竞争力。

## /// 舆论旋涡中的拼多多，股权架构这样设置 ///

2014年1月，拼多多国内运营实体上海寻梦信息技术有限公司成立，2015年4月创办拼多多平台，不到3年时间，活跃买家就多达3.44亿。拼多多创办3年零3个月后，成功在纳斯达克上市。

拼多多从事的行业，外资的进入受到一定的限制，比如，《外商投资电信企业管理规定》禁止外资企业在中国的任何增值电信服务业务中拥有超过50%的股权。

很多互联网企业都属于增值电信业务。互联网企业成立早期资金匮乏，需要大量融资，而早期很多资金往往来源于国外，互联网企业在国内很难上市，纷纷赴美上市。

在现实案例中，企业一般都是先成立国内的运营实体，海外上市前，在开曼、英属维尔京群岛等税收洼地，设立上市公司主体，同时在中国香港设立公司。然后，香港公司在境内设立外商独资企业，再由WFOE协议控制或购买内资企业，以此来控制国内实体公司。

拼多多的上市主体是注册地位于开曼的Pinduoduo Inc.公司，上市主体在中国香港全资设立Hong Kong Walnut Street Limited（香港胡桃街有限公司），通过中国香港公司在境内设立外商独资企业Hangzhou Aimi Network Technology Co., Ltd.（杭州埃米网络科技有限公司），国内的运营实体为Shanghai Xunmeng Information Technology Co., Ltd.（上海寻梦信息技术有限公司）。

招股书显示，黄峥是最大的股东，上市前持股比例为50.7%，上市后的持股比例为46.8%，拥有89.8%的投票权。黄峥卸任公司CEO后，其控制的拼多多股份比例下降到29.4%，其拥有的投票权也从88.4%下降到80.7%。

拼多多实行AB股的双重投票权结构，A股每股有1个投票权，而B股每股有10个投票权。只有黄峥持有B股，其他人持股类型均为A股。根据拼多多的规定，无论在任何情况下，A股都不能转换为B股，而B股却能随时转换为A股。

## 一、股权激励计划

招股书显示，拼多多一共做了两次股权激励计划，即《2015

年全球股票计划》和《2018年股权激励计划》。

公司两次实施股权激励计划，都是为了吸引和保留核心人才，促进个人和公司价值的长期增长和保留。

2015和2018年的股权激励计划中，都采用了股票期权和限制性股票两种激励工具，激励对象包括员工、董事和顾问等；授予总量不超过945，103，260股，行权或购买价格为0.0065美元。

期权会在4年内匀速解锁，但期权还会锁定3年，整个期权的归属期限为7年。一旦在锁定期内发生离职，公司就会按照员工行权价将其赎回。

公司上市后，短期内行权的员工获资本财富溢价，可能会工作懈怠。一些员工则无法看清企业的未来，迫切希望将手中股票、期权变现，就会对公司产生不利影响。所以，拼多多给所有人的股票期权均锁定3年，虽然时间较长，但对公司大有好处：有利于将员工利益和企业利益捆绑在一起；有利于降低股价波动风险；有利于提高团队稳定性和凝聚力。

值得一提的是，该计划为全员锁定，无论是董事、高级管理者，还是普通员工，均一视同仁。这种设置方式不仅有利于提高团队凝聚力，还能缓冲长时间的时间锁定对员工造成的消极心态，平衡员工的情绪。

## 二、股权激励实施情况

1.期权授予情况

根据拼多多2019年年报披露显示，截至2017年1月1日，共授予员工203733060股期权。

2017年间，拼多多给员工授予78560000股期权，收回9850200股期权。截至2017年12月31日，共授予员工272442860股期权。

2018年间，拼多多给员工授予359390000股期权，收回2240000股期权。截至2018年12月31日，共授予员工629592860股期权。

2019年间，拼多多给员工授予76665380股期权，收回7937140股期权。截至2019年12月31日，共授予员工698321100股期权，剩余可执行的期权数量为298464265股。

2.限制性股票

拼多多2019年年报披露显示，2018年间，拼多多共授予员工8295240股限制性股票；2019年间，共授予员工36409188股限制性股票，并收回2761724股。截至2019年12月31日，拼多多共授予员工41375068股限制性股票。

3.期权授予和收回数量

虽然每年都会有一定数量的期权被收回，但授予数量远超收回数量。2018年，期权授予数量最多，共有359390000股。

值得一提的是，2019年收回的限制性股票数量占2018年授予总量的33%。2019年，拼多多市场销售团队、管理团队、研发团队的股权激励占比较高，相较于2016年分配方案，已经逐渐趋于均衡。

## 全员持股，才能共享红利

党的十八大报告中提出，“到2020年，实现国内生产总值和城乡居民人均收入比2010年翻一番”。这一量化目标传达了国富与民富并行的积极信号，有利于提高城乡居民的人均收入，扩展居民财产性收入的渠道，增加居民财产性收入。

全员持股的核心是，选择部分关系国民经济命脉又具有一定垄断特性的上市公司，将部分国有股份通过购买或无偿划拨等形式转为全体公民，通过全员持股，持股人能直接获得公司分红等收益。

在介绍了全员持股的具体方法和技巧之后，这里再一次提醒大家，全员持股确实是一项利国利民的大好事。

第一，能有效提高城乡居民尤其是低收入家庭的人均收入。比如，工商银行、中国银行、建设银行、农业银行、中石化、中石油等国有上市公司，共拥有约1万亿股国有股，仅2011年的年度分红就约有2186亿元，全国共有14亿人，人均可获得约150元。这笔钱，对于高收入家庭可能没什么意义，但对于低收入家庭来说，增加的这笔钱，却能提高家庭人均收入。对于农村居民家庭来说，作用会更为明显。

第二，对金融、石油石化等带有垄断性的公司实行全员持股，既能完善公司的治理结构，也能减少公民对这些公司获得垄断高收益的争议。全员持股后，城乡居民不仅能够有更多途径参与公司重大事项的决定，还能主动对这些公司进行监督，改进完善公司治理。同时，公民都是公司的股东，可以按照各自的持股比例获得收益，就能在一定程度上减少因为垄断争议所导致的内部运行成本。

第三，全员持股能够对某些公司的治理产生影响。作为股东，公民有权对这些公司进行监督，如此就能减少公司高管及员工的渎职、腐败等行为。

当然，全员持股不同于员工持股计划。员工持股计划最早出现于20世纪60年代的西方，能够对员工进行有效激励、留住人才、提高公司核心竞争力；20世纪七八十年代后，在世界范围内发展开来。全员持股与员工持股计划并行不悖，但也要明确二者的界限。因此，要确定本企业员工持股占全员持股的比例，以免全员持股变成企业员工持股，无法体现全员持股的初衷，防止高收入员工“锦上添花”，引发新的分配不公。